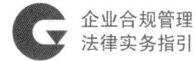

企业合规管理
法律实务指引

企业这样做不合规

企业合规风险经典案例精析

张思星 / 著

中国法制出版社
CHINA LEGAL PUBLISHING HOUSE

前　　言

近年来,"企业合规"一词越来越热。所谓"合规",即合乎规定、遵守法律规则之意。对于企业来讲,实现合规的主要目的在于防范各种法律风险,避免遭受行政、刑事等处罚,避免违反监管规则,并避免由此给企业发展带来风险。

对于企业来说,要做到合规,是一件谨慎且复杂的事情。企业合规要求企业及其员工的经营管理行为要符合法律法规、行业准则等规定。这种合规往往体现于企业义务的履行,一般多为强制性义务,即必须作出某种行为或者禁止作出某种行为,如企业不能使用童工;股东不能抽逃出资;一些岗位必须经过岗前培训才能上岗;等等。一旦企业没有履行相应的义务,就要承担一定的法律责任。

企业要想在市场中站稳脚跟,"合规"是基本要求。企业合规是企业业务持续与发展的重要前提。如果企业有不合规之处,轻者陷入纠纷泥潭,重者则被追以行政责任,甚至刑事责任。企业商誉由此而遭受重创,这极其不利于其运营与发展。对于很多中小企业来说,一个不合规的操作就可能使企业关停或倒闭。可以说,合规关乎着企业的命运。

为了帮助广大企业,特别是中小企业做到"合规",我们撰写了《企业这样做不合规:企业合规风险经典案例精析》这本书。本书精炼选取了99个常见的企业和有关市场主体在经营过程中"不合规"的做法,采用案例的形式展开,向读者指出其中的不合规之处,继而分析该不合规将给企业带来的法律后果及其他风险。对于这99个不合规的行为,企业可以通过目录,一目了然,并结合自己的生产经营活动,发现存在的问题,进而改正。

本书内容不仅包含对法律法规的解答,还包括实务经验以及利弊的权衡等。同时,本书所选取的"不合规"的事项,对于很多企业来说似曾相识,或者正在发生。比如,"因劳动者不想上社保,企业最终没有为其上社保,不合规""为了方便，多刻一枚公章使用，不合规""给朋友公司帮忙为其空开发票，不合规"等。这些不合规的事情在企业生产经营的现实中很常见，相信我们一一指出后，一定能引起大家的重视，应避尽避，更好地做好风险管控，从而规范经营，塑造良好的企业社会形象。

目 录
Contents

第一章　出资与股权管理

01 公司成立后，非货币出资财产明显低于公司章程规定价额，不合规 / 1

02 以暂时经济困难为由不履行全部出资义务，不合规 / 3

03 股东以非货币出资，但后来非货币贬值，公司请求股东补足贬值部分，不合规 / 5

04 使用曾经捡到而隐匿起来的钱出资办公司，不合规 / 7

05 公职人员让他人代持公司股份，不合规 / 10

06 股东因家属治病而从公司不按法定程序撤资，不合规 / 12

07 公司连年盈利却不给股东分配利润，不合规 / 14

08 利用关联交易将出资转出的，不合规 / 16

09 公司同意股东以口头通知方式查账的，不合规 / 18

第二章　组织管理

10 提前一周通知股东召开股东会，不合规 / 21

11 董事长擅自做主修改了公司章程，不合规 / 23

12 董事会成员五年没有改选，不合规 / 25

13 雇佣因违法而被责令关闭公司未逾三年的人担任总经理，不合规 / 26

14 公司的监事会（监事）形同虚设，对公司经营情况异常视而不见，不合规 / 29

15 一人有限责任公司中，股东、董事、监事"一肩挑"，不合规 / 31

16 擅自拿公司闲置资金替公司炒股，不合规 / 32

第三章　工作与生产管理

17 引进新设备后，未对员工进行培训就启用，不合规 / 35

18 因资金紧张继续使用应当淘汰的生产设备，不合规 / 37

19 生产区域警示标志脱离后，相关工作人员对此置之不理，不合规 / 38

20 让员工自己置办劳动防护用品，不合规 / 40

21 对违纪员工进行罚款，不合规 / 42

22 因紧急情况员工撤离并停止作业而扣发奖金，不合规 / 43

23 不经考察、考核而随意聘用安全生产管理人员，不合规 / 45

24 安排未取得特种作业操作证人员上岗作业的，不合规 / 48

25 忽视对安全设备的维护与保养，不合规 / 49

26 对从业人员隐瞒工作环境中的危险因素，不合规 / 51

27 通过劳动合同减轻企业对员工因生产安全事故伤亡而承担的责任，不合规 / 54

28 生产事故发生后未注意保护好现场，不合规 / 55

29 生产事故发生后，主要负责人拒绝接受调查，不合规 / 57

第四章　财会与税务管理

30 让不具有会计师资格的人或是没有足够会计工作经验的人担任会计主管，不合规 / 59

31 设置两本账本：一本"明账"，另一本"暗账"，不合规 / 61

32 将公司现金收入存入个人账户的，不合规 / 63

33 公司开设其他银行账户，不向税务机关报告，不合规 / 66

34 企业因保管资料不善，致使会计资料毁损、灭失，不合规 / 67

35 帮朋友公司虚开、空开增值税普通发票，不合规 / 69

36 通过虚构交易取得增值税专用发票，并将其用于出口退税，不合规 / 72

37 企业使用民间票据"贴现"，不合规 / 75

第五章　人事管理

38 未及时与劳动者签订书面劳动合同，不合规 / 78

39 招聘时要求女职工一年内不得怀孕生子，不合规 / 81

40 先签订试用期劳动合同，正式入职后再签订劳动合同，不合规 / 83

41 一年期劳动合同约定 3 个月的试用期，不合规 / 86

42 让劳动者缴纳保证金，不合规 / 88

43 以招"学徒"的名义免费用工，不合规 / 90

44 应劳动者要求而不为其办理社会保险手续，不合规 / 93

45 与在医疗期内的员工解除劳动合同，不合规 / 95

46 利用"末位淘汰制"开除员工，不合规 / 98

47 未经协商程序给员工调换岗位，不合规 / 101

48 全额扣发员工工资以弥补员工曾给企业带来的损失，不合规 / 103

49 以"产品"折价或代金券等形式发工资，不合规 / 105

50 因员工拒绝加班而扣发当月奖金，不合规 / 107

51 加班一律只安排补休而不支付加班费，不合规 / 109

52 以无劳动合同为由拒认员工工伤，不合规 / 113

53 规定在厂区以外发生的伤害一律不是工伤，不合规 / 115

54 企业给哺乳期员工安排"值夜班"工作，不合规 / 118

55 不与怀孕女职工续签劳动合同，不合规 / 120

56 拒绝给被开除的员工出具离职证明，不合规 / 122

第六章　市场经营管理

57 未拿到证照就开始"试营业"，不合规 / 125

58 虚假宣传自己的产品，不合规 / 127
59 以不正当手段获取竞争对手的商业秘密，不合规 / 130
60 模仿知名品牌包装自己的产品，不合规 / 132
61 为促成交易而给对方业务员钱财，不合规 / 134
62 设置最高奖超 5 万元，进行有奖销售的，不合规 / 136
63 借贬低其他企业的商誉来抬高自己，不合规 / 138
64 在广告中称自己的产品"第一""最好"等，不合规 / 139
65 给用户发送广告短信被用户回复退订后仍继续发送的，不合规 / 142
66 在广告中有贬低同行之意的，不合规 / 144
67 医药广告中说明治愈率的，不合规 / 146
68 保健食品广告暗示广告商品为保障健康所必需，不合规 / 149
69 聘请未满 10 周岁的孩子做代言人，不合规 / 151
70 为搞垮竞争对手赔本出售产品，不合规 / 153
71 格式合同或条款未做相应的提示，不合规 / 155
72 以商品是特价为由不向消费者出具发票，不合规 / 157
73 强制搭售商品，不合规 / 159
74 经营者称特价商品一经售出概不负责，不合规 / 161
75 要求已预订车的顾客加价提车，不合规 / 163
76 餐厅禁止顾客自带酒水或者禁食非本餐厅食物，不合规 / 165
77 超市以"时令价"代替明码标价，不合规 / 167
78 以"最终解释权归本公司所有"为自己兜底，不合规 / 169
79 经营者规定"偷一罚十"，不合规 / 172
80 找朋友公司暗中陪标，不合规 / 174
81 打肿脸充胖子，虚假应标，不合规 / 176
82 投标前与招标方工作人员沟通好相关细节，不合规 / 177
83 承包人将建筑工程转包，不合规 / 179
84 企业贷款后挪作他用，不合规 / 181
85 企业贷款后又将贷款贷给他人赚取差额利润，不合规 / 183

第七章　纠纷与涉诉处理

86 用人单位掌握有利于劳动者的证据而拒不提供，不合规 / 186
87 虚构债权债务后起诉，不合规 / 188
88 企业消极对待民事强制执行，不合规 / 190
89 诉讼过程中想办法与办案法官"联络感情"，不合规 / 193
90 企业派多人代表其出庭应诉，不合规 / 195

第八章　其　　他

91 深夜通过暗管悄悄排放污染物，不合规 / 198
92 将有害工业废物掩埋到荒地，不合规 / 201
93 租借其他单位的资格证，不合规 / 203
94 企业老板在朋友圈进行众筹集资筹建新店面，不合规 / 205
95 企业收集与服务无关的个人信息，不合规 / 208
96 违反约定使用个人信息，不合规 / 211
97 企业将自己存储的个人信息与他人做交易，不合规 / 213
98 擅自使用员工的发明，不合规 / 215
99 为方便工作，私下多刻企业公章，不合规 / 218

第一章 出资与股权管理

01 公司成立后，非货币出资财产明显低于公司章程规定价额，不合规

现实案例

高某和李某、王某三人打算成立一家建筑安装公司。李某和王某表示每人愿意出资20万元，而高某没有那么多钱。高某曾经是一个"包工头"，手中有一些可以用来干活的设备。于是，高某表示自己可以用设备出资。3个股东经过商量，决定由李某、王某二人各自出资20万元，高某以设备出资，也可以作价20万元，三人股权相等。就这样，三人签订了出资协议，公司章程中对高某出资的设备定价为20万元。后来，公司对高某出资的设备进行评估时，发现高某的设备总价值不到6万元，明显低于公司章程规定价额。

划重点

即便在公司成立时，其他股东对非货币出资的价值没有提出异议，但非货币出资财产明显低于公司章程规定价额的，也不合规。

律师分析

成立公司时，常常存在股东用非货币财产出资的情形。此时，应当评估作价和核实非货币财产出资的价值，不得高估或者低估作价。但是，在实践中也存在一些在成立时没有进行估价，而是几个股东经过商议，就确定了财产价值的情形。对于这种情况，根据我国《公司法》第三十条的规定，有限责任公司成立

后，发现作为设立公司出资的非货币财产的实际价额显著低于公司章程所定价额的，应当由交付该出资的股东补足其差额；公司设立时的其他股东承担连带责任。

也就是说，公司成立时，如果出资的非货币财产作价过高，使公司的实际资本显著低于公司登记的资本时，出资股东或发起人应对不足的部分承担连带填补责任。履行差额填补责任的发起人或股东可以向出资不实的股东行使求偿权。

上述案例中，高某出资的设备价值远远低于20万元，即便是当时其他两位股东对于这个作价表示认可，三人的行为也违反了相关法律规定。此时，高某应该继续履行出资义务，补足差额部分。

律师提示

我国《公司法》第三十条和《最高人民法院关于适用〈中华人民共和国公司法〉若干问题的规定（三）》第九条对有关股东出资填补责任进行了规定，股东设立公司时，应当严格按照章程如实出资，否则，后期也需要补足出资。需要提醒的是，并非只有设立公司时的非货币财产出资不实，股东才负有填补责任。在公司增加注册资本时，作为增资出资的非货币财产不实的，也同样应当由交付该出资的股东补足差额，其他同期的股东则承担连带责任。

当然，还有一种情况，即非货币出资时的作价确实符合当时的市场价值，但是公司成立后，因其他原因非货币财产出资出现了贬值。在这种情况下，按照《最高人民法院关于适用〈中华人民共和国公司法〉若干问题的规定（三）》第十五条的规定，出资人以符合法定条件的非货币财产出资后，因市场变化或者其他客观因素导致出资财产贬值，该出资人不承担补足出资责任，除非当事人另有约定。也就是说，出资时经专业验资机构评估，具有相当价值，该出资有效，认定为出资人完成了全部出资，成立后因为市场变化或者客观因素导致出资财产贬值的，是一种不确定性风险，出资人不对此承担责任，也不因资产贬值而需要补足差价。因此，建议公司存在非货币出资时，在公司最初设立或需要增资时，及时进行资产评估。

法律依据①

《中华人民共和国公司法》

第三十条　有限责任公司成立后，发现作为设立公司出资的非货币财产的实际价额显著低于公司章程所定价额的，应当由交付该出资的股东补足其差额；公司设立时的其他股东承担连带责任。

《最高人民法院关于适用〈中华人民共和国公司法〉若干问题的规定（三）》

第九条　出资人以非货币财产出资，未依法评估作价，公司、其他股东或者公司债权人请求认定出资人未履行出资义务的，人民法院应当委托具有合法资格的评估机构对该财产评估作价。评估确定的价额显著低于公司章程所定价额的，人民法院应当认定出资人未依法全面履行出资义务。

第十五条　出资人以符合法定条件的非货币财产出资后，因市场变化或者其他客观因素导致出资财产贬值，公司、其他股东或者公司债权人请求该出资人承担补足出资责任的，人民法院不予支持。但是，当事人另有约定的除外。

02 以暂时经济困难为由不履行全部出资义务，不合规

现实案例

林某和王某、何某曾系同事。他们三人因与上级领导观念不合，同时从原单位辞职。后来，他们三人决定共同创立一家商贸有限责任公司。三人计划一共出资100万元，王某和何某准备各出资40万元，各自占股40%；林某出资20万元，占股20%。公司成立以后，王某和何某的资金陆续到账。王某和何某催促林某履行出资义务时，林某却以经济困难为由，表示最多只能出资10万元。

---

① 本书此部分内容含法律、法规、司法解释、司法解释性质文件等。

划重点

股东对认缴的资金都要完成实际出资，任何出于个人原因无法完成出资的行为，都不合规。

律师分析

根据我国《公司法》第二十八条和《最高人民法院关于适用〈中华人民共和国公司法〉若干问题的规定（三）》第十三条的规定可知，股东应当按期足额缴纳公司章程中规定的各自所认缴的出资额；股东不履行出资义务或者没有完全履行出资义务的，公司或者其他股东有权请求其向公司依法全面履行出资义务，即股东在享受权利的同时也应该履行自己的义务，否则，其他股东可以请求其向公司依法全面履行出资义务，如果还没有履行，可以召开股东大会来限制该股东的权利，或者向法院起诉要求该股东赔偿有关违约损失等。

对于股东未全面履行出资义务的行为，根据《最高人民法院关于适用〈中华人民共和国公司法〉若干问题的规定（三）》第十六条的规定，股东未履行或者未全面履行出资义务或者抽逃出资，公司根据公司章程或者股东会决议对其利润分配请求权、新股优先认购权、剩余财产分配请求权等股东权利作出相应的合理限制，该股东请求认定该限制无效的，人民法院不予支持。据此可知，对于股东未出资或者未全面出资的行为，其他股东可以限制股东的权利，则该股东仅能行使与其实际出资比例对等的股东权利。

本案中，林某认缴的出资额为20万元，但是一直没有实际出资，最后又以自己经济困难为由表示最多只能出资10万元。此时的林某没有履行出资义务，即便是其最终出资了10万元，也属于未全面履行出资义务。林某的行为违反了法律规定，王某和何某可以要求林某尽快完成出资。如果林某仍拒不出资20万元，公司可以通过限制林某股东权利的方式来维护公司和股东自身的合法权益。

律师提示

股东应该积极缴纳认缴出资，如果出现未及时缴纳出资的情形，其他全面出资的股东除了可以限制该股东的权利以外，还有权提起诉讼，要求该股东全面履行出资义务，同时按照公司章程或出资协议承担违约责任。除此以外，对于确实因为客观原因无法完成出资的，可以要求该股东将未出资的股权内部转让给其他股东，或者可以与该股东协商要求其将未出资部分的股权内部转让，之后由受让股权的股东履行出资义务。

法律依据

《中华人民共和国公司法》

第二十八条 股东应当按期足额缴纳公司章程中规定的各自所认缴的出资额。股东以货币出资的，应当将货币出资足额存入有限责任公司在银行开设的账户；以非货币财产出资的，应当依法办理其财产权的转移手续。

股东不按照前款规定缴纳出资的，除应当向公司足额缴纳外，还应当向已按期足额缴纳出资的股东承担违约责任。

《最高人民法院关于适用〈中华人民共和国公司法〉若干问题的规定（三）》

第十三条第一款 股东未履行或者未全面履行出资义务，公司或者其他股东请求其向公司依法全面履行出资义务的，人民法院应予支持。

第十六条 股东未履行或者未全面履行出资义务或者抽逃出资，公司根据公司章程或者股东会决议对其利润分配请求权、新股优先认购权、剩余财产分配请求权等股东权利作出相应的合理限制，该股东请求认定该限制无效的，人民法院不予支持。

03 股东以非货币出资，但后来非货币贬值，公司请求股东补足贬值部分，不合规

现实案例

齐某和徐某、吴某三人打算共同出资设立一家食品加工公司。齐某没有足够的资金，但是齐某之前是开甜品店的，表示自己可以用一些设备和技术出资。徐

某和吴某商量后表示同意，三人共同委托一家评估公司对齐某的设备和技术进行了评估，估值为100万元，于是齐某的认缴出资为100万元。三人完成出资后，公司成立并有效运转起来。但是一年后，徐某和吴某发现齐某的出资因市场因素发生了贬值，于是二人要求齐某将贬值部分自行补足，却遭到齐某的拒绝。

划重点

非货币出资在公司成立时经过了评估即为有效完成出资。公司因财产贬值要求出资人补足贬值部分的，不合规。

律师分析

根据《公司法》第二十七条的规定，股东可以用货币出资，也可以用实物、知识产权、土地使用权等可以用货币估价并可以依法转让的非货币财产作价出资。对作为出资的非货币财产应当评估作价，核实财产，不得高估或者低估作价。上述案例中，齐某在出资时用自己的设备和技术进行出资，且全部股东共同对齐某的非货币出资进行了价值评估，这种情形下齐某已履行完毕自己的出资义务，不存在出资瑕疵。

如果完成出资后，在公司后续的运行中，非货币出资的部分因为市场因素或者其他客观原因导致贬值，根据《最高人民法院关于适用〈中华人民共和国公司法〉若干问题的规定（三）》第十五条的规定，出资人以符合法定条件的非货币财产出资后，因市场变化或者其他客观因素导致出资财产贬值，公司、其他股东或者公司债权人请求该出资人承担补足出资责任的，人民法院不予支持。当然，当事人另有约定的除外。也就是说，对于非货币财产出资的，应当以其出资时评估的价值为准，之后因市场变化或者其他客观因素造成出资财产贬值，这并不是非货币财产出资人的责任，不能再要求其补齐出资。本案例中，如果股东们当时没有对齐某的非货币出资发生贬值后如何处理进行特别约定，则不能要求齐某将贬值部分再自行补足。

律师提示

股东以非货币财产出资相对于货币出资来说，确实存在一些不稳定的地方，如用房产、技术、知识产权、设备等出资，有可能会随着社会的发展、市场的变动导致非货币财产的价值发生变化。然而，对于股东来说，只要其在出资时进行了合法的评估，且非货币出资的价值与当时的市场价吻合，股东即完成了出资义务。如果在公司存续期间因市场变化或者其他客观因素导致出资财产贬值，公司不能追究股东的责任。

当然，如果想避免这种因非货币财产贬值而可能给公司造成损失的情况发生，根据《最高人民法院关于适用〈中华人民共和国公司法〉若干问题的规定（三）》第十五条的规定，股东可以在出资协议中进行特别约定，从而避免适用该条法律。除此以外，还要提醒企业，对于非货币财产，要选择权威的评估公司进行评估，并充分考虑到市场可能发生的变化以及其他客观因素的变化。

法律依据

《中华人民共和国公司法》

第二十七条　股东可以用货币出资，也可以用实物、知识产权、土地使用权等可以用货币估价并可以依法转让的非货币财产作价出资；但是，法律、行政法规规定不得作为出资的财产除外。

对作为出资的非货币财产应当评估作价，核实财产，不得高估或者低估作价。法律、行政法规对评估作价有规定的，从其规定。

《最高人民法院关于适用〈中华人民共和国公司法〉若干问题的规定（三）》

第十五条　出资人以符合法定条件的非货币财产出资后，因市场变化或者其他客观因素导致出资财产贬值，公司、其他股东或者公司债权人请求该出资人承担补足出资责任的，人民法院不予支持。但是，当事人另有约定的除外。

04 使用曾经捡到而隐匿起来的钱出资办公司，不合规

现实案例

侯某是某饭店的服务员。某日，侯某在收拾餐桌时发现桌子上有一个客人落

下的包，里面有10万元现金。侯某赶紧将其收起来占为己有。之后，客人急匆匆地回来寻找丢失的包，侯某矢口否认自己曾见到过。侯某将这10万元拿回家后藏了起来。某日，侯某同学想叫侯某一起出资办一个有限公司，侯某想起自己曾捡到的那10万元，觉得这钱不是偷来的也不是抢来的，可以拿出来用，于是决定用这10万元出资和同学一起开办公司。

划重点

捡来的钱虽不是盗抢所得，但也不是合法财产，用来出资设立公司不合规。

律师分析

股东对公司完成出资责任后，就取得相应的股东资格，而股东出资的方式有很多，根据我国《公司法》第二十七条的规定，股东可以用货币出资，也可以用实物、知识产权、土地使用权等可以用货币估价并可以依法转让的非货币财产作价出资。现实生活中，股东通常是用货币进行出资的，需要注意的是，出资的货币必须是合法财产，不能用非法财产和违法所得入股出资。

上述案例中，侯某的10万元虽然是"捡"来的，但根据《民法典》第九百八十五条的规定可知，这10万元的性质属于不当得利。所谓不当得利，是指得利人没有法律根据取得不当利益，如拾得他人的财物，此时，当受损失的人请求得利人返还其取得的利益时，得利人负有返还义务。而本案例中，在失主找到侯某时，侯某仍拒不承认，根据《民法典》第九百八十七条的规定，侯某应视为恶意不当得利人，所以，不当得利的10万元并非侯某的合法财产，其应当返还给失主，而其用来出资设立公司，这明显是不合规的。

律师提示

股东出资应该用属于自己的合法财产，使用任何违法财产出资均不合规。除了不当得利出资的情形，实践中也存在很多利用犯罪所得出资的情形。根据《最高人民法院关于适用〈中华人民共和国公司法〉若干问题的规定（三）》第七条第二款的规定，以贪污、受贿、侵占、挪用等违法犯罪所得的货币出资后取得股权的，对违法犯罪行为予以追究、处罚时，应当采取拍卖或者变卖的方式处置其股权。对于这种情况，由于股东的犯罪行为违反了法律的强制性规定，损害了社会公共利益，其出资当属无效。即便是股东在出资时表面符合《公司法》认定股东资格的依据，但是股东签订的出资协议会因其资金来源违法而无效，且是自始无效。所以当有关部门对股东的违法犯罪行为予以追究、处罚时，可以采取拍卖或者变卖的方式处置其股权。在这个期间，股东的股份及其所分配红利属于用违法财产进行非法活动的财物或非法所得，会由法院予以收缴。

法律依据

《中华人民共和国公司法》

第二十七条　股东可以用货币出资，也可以用实物、知识产权、土地使用权等可以用货币估价并可以依法转让的非货币财产作价出资；但是，法律、行政法规规定不得作为出资的财产除外。

对作为出资的非货币财产应当评估作价，核实财产，不得高估或者低估作价。法律、行政法规对评估作价有规定的，从其规定。

《最高人民法院关于适用〈中华人民共和国公司法〉若干问题的规定（三）》

第七条　出资人以不享有处分权的财产出资，当事人之间对于出资行为效力产生争议的，人民法院可以参照民法典第三百一十一条的规定予以认定。

以贪污、受贿、侵占、挪用等违法犯罪所得的货币出资后取得股权的，对违法犯罪行为予以追究、处罚时，应当采取拍卖或者变卖的方式处置其股权。

《中华人民共和国民法典》

第九百八十五条　得利人没有法律根据取得不当利益的，受损失的人可以请求得利人返还取得的利益，但是有下列情形之一的除外：

（一）为履行道德义务进行的给付；

（二）债务到期之前的清偿；

（三）明知无给付义务而进行的债务清偿。

第九百八十七条　得利人知道或者应当知道取得的利益没有法律根据的，受损失的人可以请求得利人返还其取得的利益并依法赔偿损失。

05 公职人员让他人代持公司股份，不合规

现实案例

张某是一名公务员，其父母一直经商，家境较为富裕。张某的两个朋友开了一家建筑公司，公司经营过程中需要增资，朋友找到张某想让其入股。但是张某表示自己有公职身份不能参加这种营利性的活动，朋友告知张某，只需要张某向父母要一笔投资，由朋友代替张某持有公司股份，他们之间再签一个代持协议，这样张某作为实际出资人，就不需要进行市场管理登记，也不需要抛头露面，只要进行出资，到时候直接享有股东权益，其他的事情都由朋友出面。张某及其父母觉得这个方式不错，于是就让张某和朋友签订了代持股协议并进行了出资。

划重点

虽然公职人员和代持股人之间的协议原则上有效，但公司的做法仍然不合规。

律师分析

很多人对股权代持都不陌生。一些实际出资人出于各种原因让他人代替自己持股，自己则实际享有投资权益。对于这类代持股协议，根据《最高人民法院关于适用〈中华人民共和国公司法〉若干问题的规定（三）》第二十四条的规定，有限责任公司的实际出资人与名义出资人订立合同，约定由实际出资人出资并享有投资权益，以名义出资人为名义股东，实际出资人与名义股东对该合同效力发生争议的，如无法律规定的无效情形，人民法院应当认定该合同有效。一般来说，股权代持协议只要是双方的真实意思表示，且不违反法律、行政法规的强制性规定，不违反公序良俗，就是有效的。所以，单纯就张某和朋友之间代持股协议的效力来讲，是有效的，也是受法律保护的。

但是，由于公职人员身份的特殊性，国家对其市场准入的资格进行了严格限

制。其中，我国《公务员法》第五十九条就明确禁止公务员进行营利性活动，禁止公务员在营利性组织中兼职。所以，张某作为公务员出资经营企业，违反了上述法律的规定，因上述规定为管理性强制性规范，并不是效力性强制性规范，所以张某和朋友之间的协议虽然原则上是有效的，但是张某和公司这样的行为仍因违反上述法律而不合规。

律师提示

公务员作为隐名股东投资入股公司，虽然与显名股东或他人之间签订的股权代持协议，原则上有效，但是这种行为毕竟违反了《公务员法》的规定，是不合规的，同时也会面临很多风险。第一，公务员作为实际出资人确实违反了法律规定，即便是其股权代持协议有效，除了其面临党纪国法的惩戒以外，协议在履行过程中还可能会因为违反法律、行政法规的其他强制性规定，或涉嫌以合法形式掩盖非法目的并损害国家、集体和社会公共利益而归于无效，风险较大。第二，股权代持涉及多个法律关系，包括持股人与代持股人的关系、公司和代持股人的关系以及公司和持股人的关系，多个法律关系较容易产生一系列的法律纠纷，会给公司带来涉诉风险。所以，公司对于明知不合规的股权代持行为一定要谨慎对待。公职人员也不要贪图钱财而通过代持股权参与到公司中去。

法律依据

《最高人民法院关于适用〈中华人民共和国公司法〉若干问题的规定（三）》

第二十四条 有限责任公司的实际出资人与名义出资人订立合同，约定由实际出资人出资并享有投资权益，以名义出资人为名义股东，实际出资人与名义股东对该合同效力发生争议的，如无法律规定的无效情形，人民法院应当认定该合同有效。

前款规定的实际出资人与名义股东因投资权益的归属发生争议，实际出资人以其实际履行了出资义务为由向名义股东主张权利的，人民法院应予支持。名义股东以公司股东名册记载、公司登记机关登记为由否认实际出资人权利的，人民法院不予支持。

实际出资人未经公司其他股东半数以上同意，请求公司变更股东、签发出资证明书、记载于股东名册、记载于公司章程并办理公司登记机关登记的，人民法院不予支持。

《中华人民共和国公务员法》

第五十九条 公务员应当遵纪守法,不得有下列行为:

......

(十六)违反有关规定从事或者参与营利性活动,在企业或者其他营利性组织中兼任职务;

......

06 股东因家属治病而从公司不按法定程序撤资,不合规

现实案例

孙某、李某、赵某、张某四人共同出资成立了一家外贸公司,四人分别持股25%。公司成立后效益一直不错,但是近几年受市场因素影响,公司业绩下滑,股东们的分红也不如前几年,公司只能勉强维持运营。前不久,孙某的妻子得了癌症,治病需要一大笔钱。孙某表示,为了给自己的妻子治病,自己要撤股,要求李某、赵某、张某三人将钱退给自己,自己撤资后和公司就不再有任何关系。李某认为,四个人算算账,直接把钱退给孙某即可。赵某则认为,撤资不是那么简单的事情,孙某不能说撤资就撤资。

划重点

股东的财产出资后就变成了公司的财产,如果公司允许股东随意撤资的,不合规。

律师分析

根据我国《公司法》第三条的规定,公司是企业法人,有独立的法人财产,享有法人财产权。公司以其全部财产对公司的债务承担责任,有限责任公司的股

东以其认缴的出资额为限对公司承担责任。也就是说，股东一旦出资后，出资的财物就不再是自己的财产，而是转化为公司的财产。公司的财产与股东的财产是分开的。此时，股东不能随意要求撤资。案例中孙某因家属治病想将出资款撤回，李某、赵某、张某如果直接将钱退给孙某，是违反法律规定的。因为四人的钱目前都属于公司财产，谁也不能随意将其撤出。但是，如果孙某确实存在困难，孙某永远不能撤资吗？并非如此，如果孙某想撤资，但是其他股东还想继续经营公司，孙某可以通过以下两种方式实现：

第一，孙某可以将自己的股份转让，也就是说，李某、赵某、张某三人可以收购孙某的股份。如果三人均不购买，并且过半数同意由股东以外的人购买，那么，孙某可以把股份转让给别人，以实现撤资的目的。

第二，通过减少公司注册资金的方式实现撤资。根据《公司法》第四十三条的规定，股东会会议作出减少注册资本的决议，必须经代表三分之二以上表决权的股东通过。但是，这种方式还需要编制资产负债表及财产清单，通知债权人等，程序相对较为复杂。也就是说，如果孙某、李某、赵某、张某中有三个人同意减少注册资本，则孙某就可以通过该种方式实现撤资。

律师提示

股东可以通过公司减资、公司回购股权、股权转让和请求公司解散等合法方式撤回出资。但是股东不能随意撤资，否则有可能构成抽逃出资，要承担相应的法律责任。抽逃出资也是实践中很常见的行为，是指在公司注册后，股东将其所缴的出资以各种方式予以撤回，却仍保留股东身份和原有出资数额的一种欺诈性行为。由此可见，抽逃出资和股东撤资的根本区别在于抽回出资行为是否经过法定程序，一旦公司成立后需要撤资的，必须通过合法方式进行。

如果没有经过法定程序，被认定为抽逃出资的，根据《最高人民法院关于适用〈中华人民共和国公司法〉若干问题的规定（三）》第十四条的规定，股东抽逃出资，公司或者其他股东可以请求其向公司返还出资本息，协助抽逃出资的其他股东、董事、高级管理人员或者实际控制人对此应承担连带责任。所以，即便撤资程序很复杂，但为了保护公司和其他股东以及债权人的合法权益，仍要以合法的途径撤资。

法律依据

《中华人民共和国公司法》

第三条 公司是企业法人，有独立的法人财产，享有法人财产权。公司以其全部财产对公司的债务承担责任。

有限责任公司的股东以其认缴的出资额为限对公司承担责任；股份有限公司的股东以其认购的股份为限对公司承担责任。

第四十三条 股东会的议事方式和表决程序，除本法有规定的外，由公司章程规定。

股东会会议作出修改公司章程、增加或者减少注册资本的决议，以及公司合并、分立、解散或者变更公司形式的决议，必须经代表三分之二以上表决权的股东通过。

《最高人民法院关于适用〈中华人民共和国公司法〉若干问题的规定（三）》

第十四条 股东抽逃出资，公司或者其他股东请求其向公司返还出资本息、协助抽逃出资的其他股东、董事、高级管理人员或者实际控制人对此承担连带责任的，人民法院应予支持。

公司债权人请求抽逃出资的股东在抽逃出资本息范围内对公司债务不能清偿的部分承担补充赔偿责任、协助抽逃出资的其他股东、董事、高级管理人员或者实际控制人对此承担连带责任的，人民法院应予支持；抽逃出资的股东已经承担上述责任，其他债权人提出相同请求的，人民法院不予支持。

07 公司连年盈利却不给股东分配利润，不合规

现实案例

陈某是一家个体工商户的老板，主要经营"汽车美容"业务。黄某曾经是一名汽车修理工，后来从事二手车买卖。黄某前几年挣了一些钱，准备投资经营一家汽车维修公司，于是找到陈某一起入股。陈某手中有一些闲钱，拿了40万

元投资黄某的公司，占股20%。黄某和另外一个朋友持股80%。公司成立后，陈某继续做自己的"汽车美容"生意，几乎不参与汽车维修公司的经营管理。但是公司成立已经6年了，陈某只是听黄某说公司每年都盈利不少，但是作为股东的陈某却从没收到过公司分配的利润。

划重点

即便股东没有积极要求，公司盈利且有可分配利润但不给股东分配利润的，不合规。

律师分析

陈某作为公司的股东，即有享受分红的权利。但是，公司对股东分配利润的前提是不但需要公司有盈利，还需要有可分配的利润，利润应该包括收入减去费用后的净额、直接计入当期利润的利得和损失等。在分红之前，利润分配方案还要经过股东会的决议，在确定公司确实有钱可分后，才能进行分红。

上述案例中，陈某虽听说公司有盈利，但是是否有可分配的利润，陈某并不了解。如果确实有可分配的利润，但是公司拒不给陈某分配怎么办呢？《公司法》第七十四条规定："有下列情形之一的，对股东会该项决议投反对票的股东可以请求公司按照合理的价格收购其股权：（一）公司连续五年不向股东分配利润，而公司该五年连续盈利，并且符合本法规定的分配利润条件的；……"所以，如果确实是黄某和其朋友隐瞒公司盈利的事实，而陈某六年来一直未参与公司分红的话，陈某可以据此要求公司将自己的股权回购，或者可以直接起诉要求分红。

律师提示

公司作为营利性机构，很多股东为了获取利润愿意出资。如果公司不能做到定期分红，那么股东可能会采取多种方式维权。最常见的就是股东要求查账，即亲自查阅公司的财务状况，掌握公司是否具备分配利润的条件和未予分配的原因。如果确实存在盈利且有可分配利润，且股东会对利润分配已经作出了有效决议，但是公司仍然拒不给股东分红，股东有权向法院起诉公司要求分红。同时，就分红的事宜，股东也可以提议召开股东会，对分配的相关事项进行表决。当然，如果达到了《公司法》第七十四条的规定，即公司连续五年不向股东分配利润，而公司该五年连续盈利，并且符合本法规定的分配利润条件的，股东可以请求公司按照合理的价格收购其股权。所以，不管是对于股东来说还是对于公司来讲，都要严格按照法律的规定进行利润分配，只有合法经营，维护股东的合法权益，公司才会走得更长久，发展得更好。

法律依据

《中华人民共和国公司法》

第七十四条　有下列情形之一的，对股东会该项决议投反对票的股东可以请求公司按照合理的价格收购其股权：

（一）公司连续五年不向股东分配利润，而公司该五年连续盈利，并且符合本法规定的分配利润条件的；

（二）公司合并、分立、转让主要财产的；

（三）公司章程规定的营业期限届满或者章程规定的其他解散事由出现，股东会会议通过决议修改章程使公司存续的。

自股东会会议决议通过之日起六十日内，股东与公司不能达成股权收购协议的，股东可以自股东会会议决议通过之日起九十日内向人民法院提起诉讼。

08 利用关联交易将出资转出的，不合规

现实案例

张某是某建筑公司的股东，对该公司出资300万元，并担任该建筑公司的经理。同时，张某还是某商贸公司的股东，该商贸公司共有两名股东，另一股东是张某的妻子韩某。张某为了将自己在建筑公司的出资转移出来再投资另外一家公司，以向其商贸公司购买物资的名义，将建筑公司的部分款项转至商贸公司账

户，但商贸公司并未实际发货，目前已涉及100多万元。张某的行为引起了建筑公司的重视，公司其他股东认为张某在利用关联交易抽逃出资。

划重点

利用关联关系将出资转出的，可认定为抽逃出资，不合规。

律师分析

根据我国《公司法》的规定，关联关系是指公司控股股东、实际控制人、董事、监事、高级管理人员与其直接或者间接控制的企业之间的关系，以及可能导致公司利益转移的其他关系。但是，国家控股的企业之间不会因为同受国家控股而具有关联关系。而关联交易则是指发生在关联方之间的涉及资金、财产往来的行为。案例中，张某将自己对建筑公司的出资，以购买物资的名义转出至自己和妻子共同持股的商贸公司，张某的行为属于利用关联交易将出资转出。

对于张某的行为，根据《最高人民法院关于适用〈中华人民共和国公司法〉若干问题的规定（三）》第十二条的规定，可以认定为股东抽逃出资。张某抽逃出资的行为侵犯了公司和其他股东的权利，被发现后应该及时补足，否则根据上述司法解释第十四条的规定，张某要对自己的行为承担法律责任。

律师提示

抽逃出资是一种违法行为，公司一旦发现股东抽逃出资，要及时要求股东补足出资本息。在此期间，公司可以通过公司章程或者股东会决议的形式对出资不足的股东的利润分配请求权、新股优先认购权、剩余财产分配请求权等股东权利作出限制。如果股东拒不补足出资的，公司可以将股东诉至法院，或者公司可以通过召开股东会的方式，罢黜该抽逃出资股东的股东资格。

当然，如果公司存在对外债务无法履行时，公司的债权人可以以抽逃出资的股东为被告，请求抽逃出资的股东在抽逃出资本息范围内对公司债务不能清偿的部分承担补充赔偿责任。由此可见，股东抽逃出资，并非可以一"逃"了之，抽逃出资的股东需要向其他股东、公司甚至是债权人交代，还要承担相应的法律责任。在公司运营上，股东既然同意出资，就要以公司的利益为上，依法依规履行股东义务，实现股东权利，与公司实现共赢。

法律依据

《最高人民法院关于适用〈中华人民共和国公司法〉若干问题的规定（三）》

第十二条 公司成立后，公司、股东或者公司债权人以相关股东的行为符合下列情形之一且损害公司权益为由，请求认定该股东抽逃出资的，人民法院应予支持：

（一）制作虚假财务会计报表虚增利润进行分配；

（二）通过虚构债权债务关系将其出资转出；

（三）利用关联交易将出资转出；

（四）其他未经法定程序将出资抽回的行为。

第十四条 股东抽逃出资，公司或者其他股东请求其向公司返还出资本息、协助抽逃出资的其他股东、董事、高级管理人员或者实际控制人对此承担连带责任的，人民法院应予支持。

公司债权人请求抽逃出资的股东在抽逃出资本息范围内对公司债务不能清偿的部分承担补充赔偿责任、协助抽逃出资的其他股东、董事、高级管理人员或者实际控制人对此承担连带责任的，人民法院应予支持；抽逃出资的股东已经承担上述责任，其他债权人提出相同请求的，人民法院不予支持。

09 公司同意股东以口头通知方式查账的，不合规

现实案例

某公司成立于 2015 年，公司股东分别为王某、蔡某、冯某、杨某。王某和蔡某平时很少参与公司的管理，公司的经营主要由冯某和杨某负责。2021 年，因公司盈利突然减少，王某和蔡某怀疑是公司的经营管理出现了问题。于是蔡某提出想要查阅公司的会计账簿，王某则表示，查账得有理由，还得写个书面申

请。蔡某认为王某多此一举，直接口头告知公司，自己作为股东要查账，结果公司直接允许蔡某查阅了全部的会计账簿。

划重点

股东在要求查阅公司账簿时应该书面申请，口头提出而公司同意的，不合规。

律师分析

根据《公司法》第三十三条的规定，股东可以要求查阅公司会计账簿。股东要求查阅公司会计账簿的，应当向公司提出书面请求，说明目的。也就是说，查阅公司会计账簿是股东的权利，但是根据《公司法》的规定，股东在查阅会计账簿时应该先向公司提出书面请求，并说明查阅的目的。案例中王某认为"查账得有理由，还得写个书面申请"，该想法是正确的，符合法律规定。而蔡某直接口头告知自己要查账，公司即同意让其查阅，该行为不符合法律规定，是不妥当的。

除了写书面申请，股东查账还要有正当目的，对于可能损害到公司合法利益的查账理由，公司可以拒绝提供查阅。如果股东进行了书面申请，且具备正当目的，在这种情况下，公司就不得拒绝股东查阅会计账簿，否则根据《最高人民法院关于适用〈中华人民共和国公司法〉若干问题的规定（四）》第七条的规定，股东可以向法院提起诉讼，要求查阅会计账簿，保障股东权益。

律师提示

对于公司来说，如果公司有合理根据认为股东查阅会计账簿有不正当目的，可能损害公司合法利益的，可以拒绝提供查阅，并应当自股东提出书面请求之日起十五日内书面答复股东并说明理由。那么，"不正当目的"应该如何认定呢？根据《最高人民法院关于适用〈中华人民共和国公司法〉若干问题的规定（四）》第八条的规定，有限责任公司有证据证明股东存在下列情形之一的，人民法院应当认定股东有《公司法》第三十三条第二款规定的"不正当目的"：

(一)股东自营或者为他人经营与公司主营业务有实质性竞争关系业务的，但公司章程另有规定或者全体股东另有约定的除外；(二)股东为了向他人通报有关信息查阅公司会计账簿，可能损害公司合法利益的；(三)股东在向公司提出查阅请求之日前的三年内，曾通过查阅公司会计账簿，向他人通报有关信息损害公司合法利益的；(四)股东有不正当目的的其他情形。

需要提醒的是，股东知情权是股东对公司的经营管理进行有效监督的一项重要权利，公司应该保障股东的知情权，在股东行使权利时双方均应当遵守法律规定。股东需要按照法定程序提出申请，公司也应当尽力为股东合法行使知情权提供便利。

法律依据

《中华人民共和国公司法》

第三十三条 股东有权查阅、复制公司章程、股东会会议记录、董事会会议决议、监事会会议决议和财务会计报告。

股东可以要求查阅公司会计账簿。股东要求查阅公司会计账簿的，应当向公司提出书面请求，说明目的。公司有合理根据认为股东查阅会计账簿有不正当目的，可能损害公司合法利益的，可以拒绝提供查阅，并应当自股东提出书面请求之日起十五日内书面答复股东并说明理由。公司拒绝提供查阅的，股东可以请求人民法院要求公司提供查阅。

第九十七条 股东有权查阅公司章程、股东名册、公司债券存根、股东大会会议记录、董事会会议决议、监事会会议决议、财务会计报告，对公司的经营提出建议或者质询。

《最高人民法院关于适用〈中华人民共和国公司法〉若干问题的规定(四)》

第七条 股东依据公司法第三十三条、第九十七条或者公司章程的规定，起诉请求查阅或者复制公司特定文件材料的，人民法院应当依法予以受理。

公司有证据证明前款规定的原告在起诉时不具有公司股东资格的，人民法院应当驳回起诉，但原告有初步证据证明在持股期间其合法权益受到损害，请求依法查阅或者复制其持股期间的公司特定文件材料的除外。

第二章　组织管理

10 提前一周通知股东召开股东会，不合规

现实案例

李某是某有限责任公司的股东，但不在该公司任职，平时主要经营自己的花店，也很少关注公司的情况。某日，公司通知李某要在下周召开股东会，讨论公司下一步发展等问题，但是当时李某正赶往云南出差，此时距离召开股东会只有一周的时间。李某在云南要待十日之久，无法在下周赶回来参加股东会。李某认为，不管自己是否出差，公司也不应该提前一周通知股东召开股东会，通知得太晚，不符合法律规定。

划重点

召开股东会应该严格按照法律规定的期限提前通知，提前一周通知不合规。

律师分析

股东参加股东会是股东们参与公司经营和决策的重要方式，也是实现股东权利的主要途径。根据我国《公司法》第四十一条的规定，召开股东会会议，应当于会议召开十五日前通知全体股东；但是，公司章程另有规定或者全体股东另有约定的除外。

本案例中，如果李某所在的公司其公司章程没有对召开股东会通知的时间、方式等进行规定，全体股东也没有相关规定的，那么在召开股东会时应该根据上述法律规定，即提前十五日通知全体股东。李某在召开股东会之前一周收到了会

议通知，此时不管李某是否可以按期参加，通知的时间均不符合法律规定。

律师提醒

对于有限责任公司，我国《公司法》明确规定了召开股东会会议的通知时间，其目的是确保股东能够提前得知何时何地召开股东会、股东会的议事事项，从而能够及时决定是否参加股东会，并提前对股东会的相关议事事项作一些准备。当然，法律规定的提前十五日并非固定不变的，如股东们可以在公司章程中对于股东会通知的时间、方式等进行详细的规定，并规范股东会的召集程序。如果公司没有另行规定或约定的，则应该以《公司法》第四十一条的规定为准，各股东应当遵守公司法规定的最短通知时间。

实践中，有很多未及时通知股东参加股东会、因通知方式不符合法律、章程规定而引发的股东会决议效力瑕疵的问题，所以，须提醒企业和股东的是，要严格根据法律规定和公司章程处理相关问题。

法律依据

《中华人民共和国公司法》

第四十一条 召开股东会会议，应当于会议召开十五日前通知全体股东；但是，公司章程另有规定或者全体股东另有约定的除外。

股东会应当对所议事项的决定作成会议记录，出席会议的股东应当在会议记录上签名。

第一百零二条 召开股东大会会议，应当将会议召开的时间、地点和审议的事项于会议召开二十日前通知各股东；临时股东大会应当于会议召开十五日前通知各股东；发行无记名股票的，应当于会议召开三十日前公告会议召开的时间、地点和审议事项。

单独或者合计持有公司百分之三以上股份的股东，可以在股东大会召开十日前提出临时提案并书面提交董事会；董事会应当在收到提案后二日内通知其他股东，并将该临时提案提交股东大会审议。临时提案的内容应当属于股东大会职权范围，并有明确议题和具体决议事项。

股东大会不得对前两款通知中未列明的事项作出决议。

无记名股票持有人出席股东大会会议的，应当于会议召开五日前至股东大会闭会时将股票交存于公司。

11 董事长擅自做主修改了公司章程，不合规

现实案例

侯某、周某、杨某三人出资成立了一家商贸公司，三人的股份分别为50%、20%、30%。侯某系公司的最大股东，担任公司的董事长，主要负责公司的经营管理。周某、杨某二人因在外还有其他工作，所以很少来公司，很多事情都是侯某自己决定或者三人开个视频会议决定。某日，侯某认为公司的章程需要修改，自己作为公司最大的股东，可以自己决定，于是未经周某、杨某二人同意，擅自修改了公司章程。

划重点

修改公司章程需要经代表三分之二以上表决权的股东通过，股东擅自修改公司章程不合规。

律师分析

公司章程是指公司依法制定的，规定公司名称、住所、经营范围、经营管理制度等重大事项的准则，也是公司必备的规定公司组织及活动基本规则的文件。公司章程对于公司的治理、运营，股东权利的维护等都十分重要。所以公司章程的修改也有着明确的法律规定，根据我国《公司法》第四十三条的规定，股东会会议作出修改公司章程的决议，必须经代表三分之二以上表决权的股东通过。

本案例中，侯某、周某、杨某分别持股50%、20%、30%，在对表决权没有特别约定的情况下，其表决权与持股比例是一致的。虽然侯某拥有50%的表决权，是公司的最大股东，但是他也没有权利擅自修改公司章程，必须经过股东会

决议，且至少加上其他两人之一同意才能达到三分之二的表决权通过，才可以对公司章程进行修改。

律师提醒

有限责任公司章程的修改一般要经过以下流程：第一，董事会关于修改公司章程的决议通过；第二，董事会提出公司章程修改草案；第三，股东会对于修改公司章程进行讨论；第四，经代表三分之二以上表决权的股东通过。也就是说，公司修改章程是一件重要且严肃的事情，应该按照既定的规则进行，并非谁持股比例大，谁就"说了算"，就可以自己一人随意将公司章程进行修改。如果没有经过上述程序，出具股东会决议修改公司章程，那么该决议最终也会被法院认定无效。

还要提醒企业的是，根据法律规定的程序修改公司章程后，公司还要记得到市场监管部门进行章程变更登记。

法律依据

《中华人民共和国公司法》

第四十三条　股东会的议事方式和表决程序，除本法有规定的外，由公司章程规定。

股东会会议作出修改公司章程、增加或者减少注册资本的决议，以及公司合并、分立、解散或者变更公司形式的决议，必须经代表三分之二以上表决权的股东通过。

《最高人民法院关于适用〈中华人民共和国公司法〉若干问题的规定（四）》

第五条　股东会或者股东大会、董事会决议存在下列情形之一，当事人主张决议不成立的，人民法院应当予以支持：

（一）公司未召开会议的，但依据公司法第三十七条第二款或者公司章程规定可以不召开股东会或者股东大会而直接作出决定，并由全体股东在决定文件上签名、盖章的除外；

（二）会议未对决议事项进行表决的；

（三）出席会议的人数或者股东所持表决权不符合公司法或者公司章程规定的；

（四）会议的表决结果未达到公司法或者公司章程规定的通过比例的；

（五）导致决议不成立的其他情形。

12 董事会成员五年没有改选，不合规

现实案例

周某、王某、武某系大学同学。刘某、范某是周某的朋友。某日，周某和王某商量开一家网络科技公司。之后，王某将想法告诉了武某。三人一拍即合，着手开办公司。但是因为资金不足，周某打算拉自己的朋友刘某、范某一起入股，刘某和范某看好周某的想法，于是同意入股。这样，周某、王某、武某和刘某、范某共同出资成立了某网络科技公司。公司成立后，周某、王某和武某作为公司的董事会成员，周某任董事长。公司成立以后，一直是周某、王某和武某任董事会成员。转眼之间，公司成立5年了，董事会一直未改选。

划重点

董事会成立3年应该进行改选。如果成立5年还未改选，不合规。

律师分析

有限责任公司设董事会，其成员为3人至13人；对于股东人数较少或者规模较小的有限责任公司，可以设一名执行董事，不设董事会。在上述案例中，周某等人成立公司后设董事会，共有3名董事会成员，这是符合法律规定的。但是，对于五年仍未改选董事会的情形，是否合规呢？根据我国《公司法》第四十五条的规定，董事任期由公司章程规定，但每届任期不得超过3年。董事任期届满，连选可以连任。据此可知，周某等3名董事会成员应该每满3年进行一次改选，如果连选可以继续连任，案例中公司成立后5年一直未对董事会进行改选，这是违反上述法律规定的。所以，为了保护其他股东的权益，公司应该及时

进行董事改选。

律师提醒

不管是有限责任公司还是股份有限公司，一般都要求具备股东会、董事会、监事会等。对于规模较小的有限责任公司也可以不设董事会，只设一个执行董事，代行董事会的部分职权，并兼任公司的经理，对公司的日常事务进行管理。当出资者成为公司的股东以后，为了保障自己资产收益的权利，会通过对董事的提名和罢免选择管理者。所以，董事的选任程序在公司治理中也占有相当重要的地位。根据法律规定，董事的任期每届不得超过3年，如果公司章程规定少于3年的，则根据章程规定处理。对于公司来说，按照法律规定如期换届，在保护股东利益的同时，也更有利于公司的正常运行和管理。

法律依据

《中华人民共和国公司法》

第四十五条　董事任期由公司章程规定，但每届任期不得超过三年。董事任期届满，连选可以连任。

董事任期届满未及时改选，或者董事在任期内辞职导致董事会成员低于法定人数的，在改选出的董事就任前，原董事仍应当依照法律、行政法规和公司章程的规定，履行董事职务。

13 雇佣因违法而被责令关闭公司未逾三年的人担任总经理，不合规

现实案例

张某是某纺织公司的负责人。该纺织公司一直在当地经营得风生水起，但是去年因为违法而被责令关闭且被吊销了营业执照，张某作为法定代表人在本次违

规中负有个人责任。但是，张某是一个能力非常强的人，其经营公司也有自己的一套方式和理念。周某是某公司的股东，其和张某是多年的好友，张某公司关闭后，周某想将张某雇用到自己的公司担任总经理。但是周某公司的其他股东不同意，认为张某虽然能力强，但是他曾经担任因违法被吊销营业执照、责令关闭的公司法定代表人，并负有个人责任，不能再担任其他公司的总经理。

划重点

因违法被吊销营业执照、责令关闭的公司法定代表人，并负有个人责任的人，3年内再次担任其他公司的总经理，不合规。

律师分析

总经理作为一个公司的高级管理人员，对公司来说有着至关重要的作用，甚至关系着一个企业的生死存亡，所以为公司选择一位优秀的总经理，不管是对公司的发展还是股东的利益都十分关键。案例中，周某认为张某能力强所以想将其雇用到自己公司，周某的初衷是好的，但是根据我国《公司法》第一百四十六条的规定可知，对于担任因违法被吊销营业执照、责令关闭的公司、企业的法定代表人，并负有个人责任的，自该公司、企业被吊销营业执照之日起未逾三年的人员不得担任公司的董事、监事、高级管理人员。而张某符合这一情形，且是去年其公司被责令关闭，未超过3年，所以，张某不能担任其他公司的高管，也无法到周某的公司担任总经理。

律师提醒

我们经常听到"董监高"这样的说法。"董"是指公司的董事，由股东会选出的董事和职工代表大会或其他民主形式选出的职工代表组成，董事的任期由公司章程规定，每届任期不得超过3年，可连选连任。"监"是指公司的监事，由股东代表和适当比例的职工代表组成，其中职工代表的比例不得低于三分之一，董事及高级管理人员不得兼任监事。监事的任期为3年，可连选连任。"高"是指高级管理人员，包括公司的经理、副经理、财务负责人、上市公司董事会秘书和公司章程规定的其他人员。为了保护公司和股东的利益，"董监高"必须尽到勤勉义务，同时，我国法律对于"董监高"的任职资格和条件也有着明确的规定。例如，根据《公司法》第一百四十六条的规定，很多情形是不能担任"董监高"的，除此以外，一些国有企业，上市公司等，对于"董监高"的任命也有更加严格的规定，企业在选任时不得违反相关规定。

法律依据

《中华人民共和国公司法》

第一百四十六条 有下列情形之一的，不得担任公司的董事、监事、高级管理人员：

（一）无民事行为能力或者限制民事行为能力；

（二）因贪污、贿赂、侵占财产、挪用财产或者破坏社会主义市场经济秩序，被判处刑罚，执行期满未逾五年，或者因犯罪被剥夺政治权利，执行期满未逾五年；

（三）担任破产清算的公司、企业的董事或者厂长、经理，对该公司、企业的破产负有个人责任的，自该公司、企业破产清算完结之日起未逾三年；

（四）担任因违法被吊销营业执照、责令关闭的公司、企业的法定代表人，并负有个人责任的，自该公司、企业被吊销营业执照之日起未逾三年；

（五）个人所负数额较大的债务到期未清偿。

公司违反前款规定选举、委派董事、监事或者聘任高级管理人员的，该选举、委派或者聘任无效。

董事、监事、高级管理人员在任职期间出现本条第一款所列情形的，公司应当解除其职务。

14 公司的监事会（监事）形同虚设，对公司经营情况异常视而不见，不合规

现实案例

刘某看好咨询公司的发展前景，就联合自己的4个好朋友，一起组建了某信息咨询有限责任公司。由于公司人员较少，大家决定只设立一名监事。刘某遂找到亲戚梁某，请梁某担任公司监事。梁某觉得公司监事也没有法律风险，就答应了。公司步入正轨后，其他人员都陆续开始按时按点地上班，监事梁某觉得自己不参与公司的经营管理，也不是股东，没必要去上班。后来，该公司因为涉嫌存在偷税漏税问题被调查，梁某听闻后，认为自己就是个虚职，便没有理会。最终该公司被处以行政罚款，并列入了经营异常企业名录。

划重点

虽然监事不负责具体业务工作，但不履行勤勉义务的做法仍然不合规。

律师分析

公司监事一职十分重要，可以算得上公司内部的"纪检委"，负责监督公司股东、董事、高级管理人员的各种行为。但是，很多中小企业并不重视公司监事的作用，很多人习惯性地把这个职位当作"挂名"。公司监事一职形同虚设。这种观点是对"监事"的一种误解，更是对监事法定义务或职权的忽视。

在我国，勤勉义务是公司监事应当履行的法定义务。《公司法》第一百四十七条第一款对监事的忠实义务和勤勉义务作出了明确规定。而履行勤勉义务又该从哪些方面着手呢？《公司法》第五十三条就将监事的职责进行了列举，包括检查公司财务、对董事和高级管理人员执行公司职务的行为进行监督、要求其纠正损害公司利益的行为等内容。也就是说，无论监事是否为公司股东，无论是否直接负责业务工作，都应当履行勤勉义务。如若发现企业经营异常、高管行为有损

公司利益等情形时，必须予以监督、检查、提出纠正要求，以帮助企业健康发展。

上述案例中，梁某虽然是受人所托才担任咨询公司监事的，但是其对公司经营的异常情况放任不管，未及时行使内部监管权。所以，这是不合规的。

律师提示

有些中小企业常常面临内部监管机制不健全、监管浮于表面等问题。对于"监事"一职，更是采用"挂名"形式，无实岗、无实权。这种做法是不合规的，更是危险的。缺乏监事监管的公司如同失去臂膀，想要健康长久地发展，实为不易。在此，提醒广大创业者，要特别注重"监事"一职，使其功能得到有效的发挥。

法律依据

《中华人民共和国公司法》

第五十三条　监事会、不设监事会的公司的监事行使下列职权：

（一）检查公司财务；

（二）对董事、高级管理人员执行公司职务的行为进行监督，对违反法律、行政法规、公司章程或者股东会决议的董事、高级管理人员提出罢免的建议；

（三）当董事、高级管理人员的行为损害公司的利益时，要求董事、高级管理人员予以纠正；

（四）提议召开临时股东会会议，在董事会不履行本法规定的召集和主持股东会会议职责时召集和主持股东会会议；

（五）向股东会会议提出提案；

（六）依照本法第一百五十一条的规定，对董事、高级管理人员提起诉讼；

（七）公司章程规定的其他职权。

第一百四十七条第一款　董事、监事、高级管理人员应当遵守法律、行政法规和公司章程，对公司负有忠实义务和勤勉义务。

第一百四十九条　董事、监事、高级管理人员执行公司职务时违反法律、行政法规或者公司章程的规定，给公司造成损失的，应当承担赔偿责任。

15 一人有限责任公司中，股东、董事、监事"一肩挑"，不合规

现实案例

孙某此前注册了一家个体工商户，用于从事家用产品的批发生意。但是，随着业务范围的逐渐扩大，以及上游制造商贸易准入的要求，孙某的个体工商户性质已经严重制约了其业务发展。鉴于此，于是孙某决定注册成立一家一人有限责任公司。在确定公司治理结构时，孙某觉得既然自己是唯一的股东，那么公司的治理权与控制权应当牢牢掌握在自己手中，于是在拟写的公司章程与填报的申请登记材料中，将董事、监事均写了孙某自己。

划重点

一人有限责任公司虽然存在股东结构上的特殊情形，但是也应当遵循现代企业的设立机制，即董事、监事不得同时兼任，否则就会因为违反法律而无效。

律师分析

一人有限责任公司在《公司法》中明确定义为是由一个自然人或一个法人担任股东的有限责任公司，虽然看似是股东个人对公司治理与经营享有绝对的决策权，但是其本身毕竟为有限责任公司的治理形式，也即股东是以其出资额对外承担有限责任的，所以为充分保障交易相对方的合法利益以及限制股东滥用权力，对于一人有限责任公司，法律也作出了许多限制性规定。当然，作为有限责任公司的一种特殊存在形式，一人有限责任公司也需要遵循有限责任公司设立的基本原则，也即依据《公司法》第一百一十七条第四款的规定，董事、高级管理人员不得兼任监事。在这样的治理结构中，能够有效保证公司的运转、经营是在一个合理的体系内，公司的诸多商事行为可以纳入内部治理的监管中，对于交易相对方是一种有效的保护，对于公司本身而言也是一种值得信赖的表现。

在上述案例中，孙某作为一人有限责任公司的唯一股东，可以担任公司的董

事，但是不能同时兼任公司监事。

律师提示

为了扩大市场参与，积极调动市场积极性，国家法律规定允许一人有限责任公司的设立，其目的在于区别个体工商户等无限责任的承担，使得参与者可以在心理上有效减轻负担而勇于进入市场。但是企业股东、经营者应当对此有严格的认识，即一人有限责任公司不能以合法的"外貌"作为攫取非法利益的掩护。企业经营者所应做的是，严格遵守法律的规定，依据法律规定的治理体系进行公司的治理、经营与运转。另外，在经营过程中，还应当注意公私分明，否则也可能就此而承担相应的连带法律责任。

法律依据

《中华人民共和国公司法》

第一百一十七条第四款　董事、高级管理人员不得兼任监事。

16 擅自拿公司闲置资金替公司炒股，不合规

现实案例

林某是某大型钢材贸易公司的总经理，除固定薪酬外，年终时董事会还会根据一年的营收情况对林某予以高额的绩效奖励。作为总经理的林某，主管公司的日常经营管理。在公司的日常业务经营中，依据交易惯例，下游需求客户应在订单签订时提前向贸易公司全额缴纳货款，而贸易公司则仅需向上游生产商支付一定的保证金，待生产商生产任务完成的指令发出时才向其进行全额汇款。林某作为总经理，眼见在这一段时间的空置期内，大量资金白白在公司账户内闲置不动，而且最近股市行情利好，于是擅自决定在此期间进行短线投资来为公司赚取利益，进而增加自己的业绩。林某在确定好方向后就指使财务人员将资金投入股市。

划重点

公司账户的资金作为公司的财产之一,其所有权归公司所有,而对应的投资计划也应由股东决策决议,投资方案由董事会制订实施。总经理作为公司的高级管理人员,擅自做主将公司资金用于股票投资,这是不合规的。

律师分析

总经理是公司架构内的高级管理人员,其职务在于管控公司日常经营管理,执行董事会决议,在公司内部往往处于公司管理的核心范围内,其应当充分认识并约束自身职责与权力,不得任意超越权限范围而为。对于公司是否要对外投资的问题,依据《公司法》第三十七条第一款第一项的规定,其决策权在于股东会,而对于投资方案的制订,同样依据该法第四十六条第三项的规定,其制订权在于董事会。而总经理作为高级管理人员,在此时所拥有的权力仅为执行权,无股东会或者董事会的明确决议和授权,总经理不得擅自进行对外投资。

本案例中,林某作为总经理,有调动资金的便利性,但是其错误地将这种便利当成自己的权力,未经股东会决议或者是董事会决议便擅自做出股票投资决定。虽然这种行为是以为公司增加收益为出发点,但也是不合规的。

律师提示

包括总经理在内的公司高级管理人员,在享受公司所给予的高级别待遇与职务权力的同时,也应当恪尽职守,熟知公司权力分配,依法切实地履行忠实、勤勉的义务。任何的不当履行都有可能给公司、给股东利益带来损害。依据《公司法》第一百四十九条的规定,高级管理人员执行公司职务时违反法律、行政法规或者公司章程的规定,给公司造成损失的,应当承担赔偿责任。所以,这就要求公司的高级管理人员要以公司利益为根本出发点,严格遵守公司章程和治理程序要求,妥善履职,在对外进行投资时切不可任意妄为,一定要依照公司的股东会决定的投资计划以及董事会制订的投资方案执行投资。否则,一旦因此给公司及股东利益造成损失,就很可能被要求承担相应的赔偿责任,实属得不偿失。

法律依据

《中华人民共和国公司法》

第三十七条 股东会行使下列职权：

（一）决定公司的经营方针和投资计划；

……

第四十六条 董事会对股东会负责，行使下列职权：

……

（三）决定公司的经营计划和投资方案；

……

第一百四十九条 董事、监事、高级管理人员执行公司职务时违反法律、行政法规或者公司章程的规定，给公司造成损失的，应当承担赔偿责任。

第三章　工作与生产管理

17 引进新设备后，未对员工进行培训就启用，不合规

> 现实案例

某家具制造厂为了提高生产效率，从国外购买了一批新型设备。因有一批买卖加工合同马上到期，为了按时完成订单，该家具制造厂未对工人进行相关教育和培训，便要求工人直接使用这批新设备进行生产。由于工人们都未使用过此种设备，部分工人便向经理反映，希望先行培训几天再着手订单生产。但是厂里的负责人说时间有限，新老设备实际操作上没有太大出入，没有必要再浪费时间培训。为此，工人们只能依据这些新型设备的说明书及多年的工作经验使用新设备，但是由于对新设备不了解，几名工人操作错误，导致电线短路，造成设备损坏。

> 划重点

企业引进新工艺、新设备后，未对工人们进行相关教育以及培训就直接投入使用，这种做法不合规。

> 律师分析

根据我国《安全生产法》第二十九条的规定，生产经营单位采用新工艺、新技术、新材料或者使用新设备，必须了解、掌握其安全技术特性，采取有效的安全防护措施，同时要对从业人员进行专门的安全生产教育和培训。据此可知，生产企业在引进新设备后，有义务对从业人员进行专门培训，以保障生产的安

全，这是生产企业的一项法定义务。同时，该法规定一旦生产单位未按照规定对从业人员进行安全生产教育和培训，或者未按照规定如实告知有关的安全生产事项，就要受到相应的处罚，处罚措施包括责令限期改正、责令停产停业整顿、罚款等。

在本案例中，该家具制造厂积极引进新设备，却因为赶制订单，在未对从业人员进行相关教育和培训的情况下，直接要求工人用新设备进行生产，最终不仅对家具制造厂本身造成了十分严重的后果，也使工人的生命安全和健康面临着威胁。该企业将会因为违反相关法律而承担相应的行政责任，受到行政处罚。

律师提示

为防止和减少生产事故，同时保障劳动者的人身安全，企业在引进新设备后，应当按照规定履行培训工人的义务。对此，我国《安全生产法》有着明确规定。这既是为保障劳动者的人身安全，也是为了企业的安全生产。否则，一旦造成事故，不但会给企业造成损失，而且可能会使企业受到一定的行政处罚，对企业而言是得不偿失的。

法律依据

《中华人民共和国安全生产法》

第二十九条　生产经营单位采用新工艺、新技术、新材料或者使用新设备，必须了解、掌握其安全技术特性，采取有效的安全防护措施，并对从业人员进行专门的安全生产教育和培训。

第九十七条　生产经营单位有下列行为之一的，责令限期改正，处十万元以下的罚款；逾期未改正的，责令停产停业整顿，并处十万元以上二十万元以下的罚款，对其直接负责的主管人员和其他直接责任人员处二万元以上五万元以下的罚款：

……

（三）未按照规定对从业人员、被派遣劳动者、实习学生进行安全生产教育和培训，或者未按照规定如实告知有关的安全生产事项的；

……

18 因资金紧张继续使用应当淘汰的生产设备，不合规

现实案例

2021年年底，某陶瓷厂接到了一个大客户的订单。这个大订单要求该厂在2个月内生产上万件陶瓷。为了能够顺利完成任务，陶瓷厂提前对设备进行检修。但是，陶瓷厂的设备已经使用了很多年，按照规定，需要淘汰更换新设备。为此，陶瓷厂经理多次向厂里申请更换新设备，但是陶瓷厂的老板季某却说，只要设备能使用就先使用这批旧设备，等这笔订单盈利了再全部更换新设备。然而，在某次生产过程中，设备出现问题，导致多名工人受伤。

律师分析

在现实生活中，有的企业为了节约成本，不按时检修、更换设备。这种行为隐藏着巨大的安全隐患，也是违反法律规定的。机器设备都有一定的使用期限，在使用期限届至后，企业应当及时更换。对此，我国《安全生产法》第三十八条第三款明确规定，禁止生产经营单位使用应当淘汰的危及生产安全的工艺、设备。据此可知，在设备需要淘汰时，企业必须及时更换。一旦被发现使用应当淘汰的危及生产安全的工艺、设备的，要受到相应的处罚。根据该法第九十九条的规定，轻者责令限期改正、罚款或者停产停业整顿、罚款；重者甚至构成犯罪，要依法追究其刑事责任。

在本案例中，陶瓷厂明知设备已经老旧，需要淘汰，但为了节约成本，仍然继续使用，导致最后发生了事故。该企业的此种行为，不但要承担巨额的经济损失，还会受到一定的处罚。如果构成犯罪，还要承担刑事责任。

律师提示

工艺、设备与安全生产息息相关，凡不符合生产安全要求的工艺、设备，都埋藏着安全隐患。对于企业而言，一旦发生安全事故，不但会给自身造成经济损

失，影响自身的商业信誉，还会危及员工的生命安全，需要承担行政责任，甚至被追究刑事责任。因此，作为生产企业，首先要防患于未然，及时对生产设备按照规定进行检查、更换，不能抱有任何侥幸心理。

法律依据

《中华人民共和国安全生产法》

第三十八条第三款　生产经营单位不得使用应当淘汰的危及生产安全的工艺、设备。

第九十九条　生产经营单位有下列行为之一的，责令限期改正，处五万元以下的罚款；逾期未改正的，处五万元以上二十万元以下的罚款，对其直接负责的主管人员和其他直接责任人员处一万元以上二万元以下的罚款；情节严重的，责令停产停业整顿；构成犯罪的，依照刑法有关规定追究刑事责任：

……

（七）使用应当淘汰的危及生产安全的工艺、设备的；

……

19 生产区域警示标志脱离后，相关工作人员对此置之不理，不合规

现实案例

某精密仪器科技公司作为当地的一家老牌企业，集团下设多家分厂，实力雄厚，为当地发展作出了很大贡献。某日，集团工作人员对分厂的生产工作进行临时抽查时发现，该厂区配电房上的警示标志脱落，掉落的标志牌和杂物堆放在一处，没人理会。分厂负责人表示，警示标志就是应付安监部门检查的，最近没有政府检查，况且标志脱落恰恰证明咱们设置过标志，也算完成了警示要求，无伤大雅。

划重点

虽然企业已经完成了设置警示标志的要求，但当标志已脱落，相关工作人员对此情况置之不理，不合规。

律师分析

在生产场所设置必要的警示标志是确保安全生产的重要举措，但是基于企业管控成本的考量，安全标志的维护往往缺乏专人保障。实践中，一些企业总是在上级部门开展检查的时候，临时抱佛脚，粗略张贴标志，没有考虑到标志悬挂的持久性、实用性，标志发生脱落的，也不积极恢复。事实上，企业的这种做法是不正确的。

正所谓，安全生产大于天。正确设置警示标志是确保从业人员工作安全和生产场所安全的重要方式。根据《安全生产法》第三十五条的规定，生产经营单位应当在有较大危险因素的生产经营场所和有关设施、设备上，设置明显的安全警示标志。据此可知，企业正确设置安全警示标志是企业的法定义务，而这一义务的履行并非一劳永逸。只要企业在持续运营，必要的安全警示标志就必须一直在显著位置设置，时刻提醒企业员工远离危险、谨慎操作。

在本案例中，分厂虽然曾经按规定设置了安全警示标志，但是标志脱落后不及时恢复设置。这是违法行为，该分厂应该承担相应的法律责任。

律师提示

有效设置安全警示标志是企业的一项法定义务。现实生活中，企业设置安全警示标志往往是追求形式上的完成任务，而忽略了安全警示标志在保障用工安全、减少生产事故方面的根本作用。殊不知，对于安全警示标志设置不合法的行为，《安全生产法》第九十九条还规定了相应的法律责任。即企业一旦被主管机关查证存在此类安全生产问题，就会面临罚款，乃至停业整顿、追究刑事责任等法律惩罚。如果真的因此发生安全生产事故，企业和员工都将遭受很大的损失，追悔莫及。

法律依据

《中华人民共和国安全生产法》

第三十五条　生产经营单位应当在有较大危险因素的生产经营场所和有关设施、设备上，设置明显的安全警示标志。

第九十九条　生产经营单位有下列行为之一的，责令限期改正，处五万元以下的罚款；逾期未改正的，处五万元以上二十万元以下的罚款，对其直接负责的主管人员和其他直接责任人员处一万元以上二万元以下的罚款；情节严重的，责令停产停业整顿；构成犯罪的，依照刑法有关规定追究刑事责任：

（一）未在有较大危险因素的生产经营场所和有关设施、设备上设置明显的安全警示标志的；

……

20 让员工自己置办劳动防护用品，不合规

现实案例

某机械加工厂的厂长告知员工，因受市场需求下降影响，今年单位缩减人员编制，不再配备专职采购人员，日常采购由主管生产的副厂长暂时兼任。电气焊组长私下找到副厂长沟通，说厂里需要的大型零部件采购就够烦琐的了，像电气焊专用手套、劳保鞋等劳动保护用品，不如直接由员工自己置办，厂里每个月给大家发100元的补贴，冲抵大家自己购买劳保用品的支出。这样一来，员工肯定能节省使用防护用品，厂子也节约了人力，对厂子和工人双方都好。经全厂员工开会表决，大家一致同意这么做，厂长决定试行半年看看效果。

划重点

虽然全厂员工一致表决同意自行置办劳动防护用品，但加工厂的做法仍然不合规。

律师分析

发放劳动防护用品是为了预防员工在生产过程中发生工伤事故或者受职业病伤害，是有效维护企业安全生产的具体举措。实践中，很多企业尚未发生过严重的安全事故，导致企业和员工均放松警惕，忽视劳动防护用品的作用，甚至低价购买劣质产品，只求达到形式上、心理上的保护。企业和员工出于侥幸心理很容易达成企业出钱、防护自理的合意。事实上，企业和员工的这种做法都是不正确的。

在我国，企业为劳动者提供劳动防护用品是法定义务，这一法定义务并不能通过金钱交换的方式转移给劳动者个人。《安全生产法》第四十五条、第四十七条规定，生产经营单位应当划拨经费给员工配备劳动防护用品，并保证提供的用品符合国家标准或者行业标准。据此可知，即便全体员工一致同意自行配备防护用品，企业直接通过工资补贴的方式弥补了劳动者自行购买劳动防护用品的损失，法律依然不会免除企业配置符合标准的劳动保护用品的义务和责任。

在本案例中，员工决议与厂长的试行办法均没有法律效力，厂里仍应为其员工购置劳动防护用品，否则一经主管机关发现，机械加工厂还是会被处以相应处罚的。

律师提示

当前市面上的劳动防护用品鱼龙混杂，很多劣质产品充斥其中，为员工配置符合标准的劳动防护用品是每一个企业的法定义务。对于不履行该法定义务的企业，《安全生产法》第九十九条规定了相应的法律责任。生产安全无小事，如果企业怠于履行提供劳动防护用品的义务，那么，一旦员工出现伤亡事故或者职业病伤害，企业将难辞其咎。

法律依据

《中华人民共和国安全生产法》

第四十五条 生产经营单位必须为从业人员提供符合国家标准或者行业标准的劳动防护用品，并监督、教育从业人员按照使用规则佩戴、使用。

第四十七条 生产经营单位应当安排用于配备劳动防护用品、进行安全生产培训的经费。

第九十九条 生产经营单位有下列行为之一的，责令限期改正，处五万元以下的罚款；逾期未改正的，处五万元以上二十万元以下的罚款，对其直接负责的主管人员和其他直接责任人员处一万元以上二万元以下的罚款；情节严重的，责令停产停业整顿；构成犯罪的，依照刑法有关规定追究刑事责任：

……

（五）未为从业人员提供符合国家标准或者行业标准的劳动防护用品的；

……

21 对违纪员工进行罚款，不合规

现实案例

某轧辊生产厂为了响应国家和上级政策要求，同时也为了保障即将到来的市场旺季生产安全，下发通知要求各分厂、车间制定相应制度，如禁止生产期间吸烟、玩手机等。此外，厂里还特别强调，根据公司总体安全生产纪律要求，在这些制度之中一定要明确员工违反后的罚款措施，屡教不改的甚至要加倍处罚。制度公布后，厂内将成立专门检查组查处制度执行和罚款落实情况。

划重点

虽然企业的本意是保障生产安全，但是对违纪员工进行罚款的做法仍然是不合规的。

律师分析

厂规、厂纪等纪律或者安全生产规定是企业为保障管理、生产而制定的范围性规则，当这种规则经过法律允许的程序予以通过，那么，全体员工就应当遵守。但是企业制定的厂规、厂纪在内容上也必须符合法律规定，才能予以适用。根据《安全生产法》第四条的规定，生产经营单位必须遵守本法和其他有关安全生产的法律、法规，加强安全生产管理，建立健全全员安全生产责任制和安全生产规章制度。但现有法律并没有赋予企业在安全生产管理中的经济处罚权力，也即社会生活中通常所谓的罚款权，因此，即使员工违反了劳动纪律，企业也是无权对其作出罚款处罚的。

律师提示

公司在对于包括生产安全、生产纪律的管理过程中应当执行透明、公正、合法的政策。真正的生产安全保障是通过宣传、管理、执行综合体系的运行来实现的，而非靠高压、罚款等行为。罚款手段不但无法保证安全生产，还会影响员工正常的生产积极性。而且，罚款会让企业面临更大的违法用工方面的诉讼风险，得不偿失。

法律依据

《中华人民共和国安全生产法》

第四条 生产经营单位必须遵守本法和其他有关安全生产的法律、法规，加强安全生产管理，建立健全全员安全生产责任制和安全生产规章制度，加大对安全生产资金、物资、技术、人员的投入保障力度，改善安全生产条件，加强安全生产标准化、信息化建设，构建安全风险分级管控和隐患排查治理双重预防机制，健全风险防范化解机制，提高安全生产水平，确保安全生产。

……

22 因紧急情况员工撤离并停止作业而扣发奖金，不合规

现实案例

某建筑企业制定了安全施工制度，并要求所有入职人员必须签署安全制度告

知书，其中一项记载着"遇到紧急情况，第一现场的人员必须先采取应急措施后再逃生，否则将处以降薪、扣发奖金等"。施工人员小宋入职时签署了该告知书。某次，小宋操作塔机时，发现了异响，小宋没来得及按下停止键，就直接从已上升约1.5米的操作台上跳到地面，随即塔机上部零件发生高空坠落，砸伤了地面的作业人员。按照企业的安全制度，人事部门对小宋作出了取消本年度奖金的处理，小宋自认为其违反了告知书内容，不得已接受了公司的处理结果。

划重点

即使员工同意按照企业制定的安全制度予以扣发奖金，但是企业因紧急情况员工撤离而扣发奖金的这种做法仍然不合规。

律师分析

奖惩制度对激发员工工作热情、提高安全生产自觉性等，均有较大的推进作用。法律允许企业在不侵害员工合法权益的情况下，制定符合企业生产需求的奖惩制度。但是在紧急逃生等重大安全问题面前，企业为降低生产设备损耗、减少生产成本等目的，而要求紧急撤离的员工必须采取应急措施后才能逃生的，这种做法是不正确的。

采取应急措施确实能在很大程度上降低企业受损害的程度，甚至能够避免很多衍生事故出现，但是并不是所有的紧急情况发生时，都预留了足够的时间，足以让作业人员实施完有效应对措施后再逃生。因此，是否必须采取应急措施，要区分事故发生时的实际情况，分清轻重缓急，不能一刀切。《安全生产法》第五十五条规定，从业员工发现直接危及人身安全的紧急情况时，在可以采取应急措施的情况下，采取可能的应急措施后撤离作业场所，如情形危急到无法完成应急措施操作，从业员工可以立即停止工作，直接撤离作业场所。企业不得因员工实施了这样的紧急撤离措施而降低其工资、福利等待遇。

在本案例中，该建筑企业虽然事先告知了小宋相关处理制度，小宋也签署了告知书，但是人事部门对小宋的处理依然是违法的。如果施工人员因冒险操作应急措施而发生事故，企业不但要承担安全事故的责任，还要承担对施工人员的赔偿责任。

律师提示

企业制定内部管理制度需要符合法律规定，对于与法律禁止性规定相抵触的企业制度，不具有法律效力，因此，即便企业制度中规定了紧急撤离的前提条件是已经采取紧急措施，该规定也是无效规定。况且，如果强制作业人员无论在多么危急的情况下都必须采取补救措施，这既与人的本能反应相悖，还会增加发生从业人员人身伤亡事故的风险，极度危险情境下从业人员很难做出有效的救济措施，拖延撤离现场也是徒劳的。所以，对类似情况予以降低工资、福利等待遇的处理，既不明智，也不合法。

法律依据

《中华人民共和国安全生产法》

第五十五条 从业人员发现直接危及人身安全的紧急情况时，有权停止作业或者在采取可能的应急措施后撤离作业场所。

生产经营单位不得因从业人员在前款紧急情况下停止作业或者采取紧急撤离措施而降低其工资、福利等待遇或者解除与其订立的劳动合同。

23 不经考察、考核而随意聘用安全生产管理人员，不合规

现实案例

某铸造厂刚开业不久就收到了订单。为了显示企业的实力，铸造厂领导王某邀请下订单的机械厂领导石某前来参观。参观时，石某发现这个车间的铸造熔炼炉设备周围没有设置护栏，炼炉里时不时会有高温液体洒溅出来，吓得他们提前停止了厂区参观。王某称厂里正在招聘安全员，这些安全问题近期就能整改到位，订单一定不会有任何闪失。石某提出让自己的表弟崔某过来给铸造厂当安全员，并吹嘘崔某的经验十分丰富。王某一听，当即答应了聘用崔某为本厂的安全

生产管理人员。

划重点

虽然受聘者被吹嘘为经验丰富的安全员老手，但是企业不经考察考核就予以聘用的做法仍然不合规。

律师分析

企业安全生产工作是否监管到位，与安全生产管理人员的知识和管理能力有很大的关系。就一般生产企业而言，聘用的安全生产管理人员必须具备与本单位所从事的生产经营活动相应的安全生产知识和管理能力。在比较高危的生产行业里，如矿山、金属冶炼、建筑施工、运输等单位，其聘请的安全生产管理人员还需要通过安全监督管理部门的考核，才能上岗。实践中，由于具备相应的资格证书、通过主管机关考核的安全员属于"紧缺型人才"，所以有些企业只是形式上完成安全员配置工作。这些企业草率开始新项目、接受新订单，风险意识很差。事实上，企业的这种做法是错误的。

按照法律规定配置合格的安全员，严把考察关和考核关，才是企业开展正常生产活动的正确方式。《安全生产法》第二十七条规定："生产经营单位的主要负责人和安全生产管理人员必须具备与本单位所从事的生产经营活动相应的安全生产知识和管理能力。……危险物品的生产、储存、装卸单位以及矿山、金属冶炼单位应当有注册安全工程师从事安全生产管理工作。……"据此可知，不同危险等级的企业对安全员的要求也不同。但是，无论何种生产企业，都需要配置具有相应安全管理知识和能力的安全员。安全员是否具有相应能力，就需要企业予以考察，必要时还需要政府机关进行考核。

在本案例中，虽然铸造厂聘用崔某为安全员的初衷是好的，是为了完善企业的管理缺口，但是未经考核考察、未验看相关资格证书，就径行聘用，是违法的。

律师提示

法律将企业的主要负责人确定为安全管理的责任人之一，将政府安监部门介入考核设置为企业聘用安全管理员的必要条件之一，如此高标准、严要求，企业安全生产的重要性就不言而喻了。现实生活中，有的小规模企业在安全员考核配备方面缩水严重，配置的安全员不经考核就上岗，安全员实际上并不能有效把控风险、排除隐患。根据《安全生产法》第九十七条第二项的规定，以侥幸心理博取较高经济收益而不合规聘用安全员的，一旦被查证，企业和主要负责人均会被处以高额罚款等处罚，严重的还可能被处以停业整顿。可以说，这既会让企业遭受经济损失，又会坏了企业对外树立的行业口碑。企业须重视安全生产工作，合法配置安全员，不要铤而走险。

法律依据

《中华人民共和国安全生产法》

第二十七条 生产经营单位的主要负责人和安全生产管理人员必须具备与本单位所从事的生产经营活动相应的安全生产知识和管理能力。

危险物品的生产、经营、储存、装卸单位以及矿山、金属冶炼、建筑施工、运输单位的主要负责人和安全生产管理人员，应当由主管的负有安全生产监督管理职责的部门对其安全生产知识和管理能力考核合格。考核不得收费。

危险物品的生产、储存、装卸单位以及矿山、金属冶炼单位应当有注册安全工程师从事安全生产管理工作。鼓励其他生产经营单位聘用注册安全工程师从事安全生产管理工作。注册安全工程师按专业分类管理，具体办法由国务院人力资源和社会保障部门、国务院应急管理部门会同国务院有关部门制定。

第九十七条 生产经营单位有下列行为之一的，责令限期改正，处十万元以下的罚款；逾期未改正的，责令停产停业整顿，并处十万元以上二十万元以下的罚款，对其直接负责的主管人员和其他直接责任人员处二万元以上五万元以下的罚款：

（一）未按照规定设置安全生产管理机构或者配备安全生产管理人员、注册安全工程师的；

（二）危险物品的生产、经营、储存、装卸单位以及矿山、金属冶炼、建筑施工、运输单位的主要负责人和安全生产管理人员未按照规定经考核合格的；

……

24 安排未取得特种作业操作证人员上岗作业的，不合规

现实案例

某建筑施工企业承建了一个老房改造的工程。由于该工程工期较短，其建筑施工企业需要安排多个焊工同时进行作业。焊工马师傅毛遂自荐，称自己拥有20多年的电焊工作经验，比那些考取了电焊证的年轻人手艺强多了。企业负责人当场决定让马师傅带头开展电焊作业。但是，由于马师傅犯了经验主义错误，没有严格按照操作规程进行电焊切割，引发了一起工地火灾。所幸火势不大，马师傅等人使用灭火器扑灭了火苗，并及时撤出现场。

划重点

虽然无证电焊工人可能具有丰富的操作经验，但是企业安排无证工人开展特种作业的做法仍然不合规。

律师分析

电焊作业同高空作业、电工作业、煤矿安全作业等都属于容易发生安全事故的工种，基于其工作的特殊性以及对专业技术的高标准，国家要求其作业人员必须取得相关证书。根据我国《安全生产法》第三十条的规定，特种作业人员必须按照国家有关规定，经专门的安全作业培训，取得相应资格，方可上岗作业。简言之，想要从事特种作业，不光得有手艺，还得有证照。

在本案例中，建筑企业聘用的马师傅虽然从业经验丰富，但是在马师傅没有考取特种作业资格证的情况下，就允许其实际开展作业，是违法行为。而该企业最终也发生了安全事故，虽然结果并不严重，但是企业还是应当引以为戒。

律师提示

建筑领域的从业人员中，建筑工人占有很大的比例，他们其中不乏经验丰富

的工匠，但是考取证书的人员却占比不足。作为用工企业，要坚守特种作业用工必须具有资格证书的底线，否则，企业和直接责任人员就会面临《安全生产法》第九十七条中规定的相应处罚。同时，用工企业可以鼓励有手艺且有意愿考取特种作业操作证的人员，参加相关培训，协助从业员工早日考取必要的资格证。这样，既提升了员工安全生产能力，又筑牢了企业安全生产防线。可以说，实现了企业与员工的双赢。

法律依据

《中华人民共和国安全生产法》

第三十条 生产经营单位的特种作业人员必须按照国家有关规定经专门的安全作业培训，取得相应资格，方可上岗作业。

特种作业人员的范围由国务院应急管理部门会同国务院有关部门确定。

第九十七条 生产经营单位有下列行为之一的，责令限期改正，处十万元以下的罚款；逾期未改正的，责令停产停业整顿，并处十万元以上二十万元以下的罚款，对其直接负责的主管人员和其他直接责任人员处二万元以上五万元以下的罚款：

……

（七）特种作业人员未按照规定经专门的安全作业培训并取得相应资格，上岗作业的。

25 忽视对安全设备的维护与保养，不合规

现实案例

一年前，某食品加工厂积极响应当地政府的环保政策，引进一批新的生物质锅炉。此类锅炉属于清洁能源，并且燃料造价较低，是本企业转型升级中不可或缺的硬件设备。新设备引进后使用率非常高，环保效果也不错。前不久，加工厂负责人钱某下车间检查安全工作的时候，锅炉工组组长称，计划在下周进行停炉

保养、检修。钱某当即指示，这是刚使用一年多的新设备，不可能出现问题，没必要多此一举。锅炉工组遂遵照领导要求，继续作业。

划重点

安全设备使用年限短，可靠性相对较高。但是，忽视设备的维护与保养的做法是不合规的。

律师分析

安全设备在长时间的使用中，会存在一定的部件磨损、间隙改变等问题。这些问题会直接影响设备原有的平衡，既不利于设备使用寿命的延续，也不利于预防安全生产事故的发生。但是，大量企业都存在着重生产、轻养护的情况，尤其是日常养护缺位现象在小企业中更为普遍。事实上，企业的这种做法既对企业设备和安全生产有害无益，也是不正确、不合法的。

养护与维修是安全设备维护中两个阶段的概念，一个是机器设备常规运转阶段的维护、检测，另一个则是出现安全隐患，甚至是发生安全事故后的修理，由于前者并不能直接产生企业效益，且短时间内并不影响设备安全，也不像后者事发紧急，不维修就可能造成停工停产等损失，因此，安全设备的养护常常被企业所忽视。实际上，《安全生产法》第三十六条明确规定，生产经营单位必须对安全设备进行经常性维护、保养，并定期检测，保证正常运转。维护、保养、检测应当作好记录，确保有据可查。据此可知，无论是新设备，还是老设备，企业都应该做好安全设备日常维护和定期检修，以检修的数据记录作为判断设备是否存在异常的基础，谨慎维护。

本案例中，食品加工厂的锅炉设备属于安全设备的范畴，锅炉内压力剧增会引发爆炸事故，风险性极高，必须做到定期养护。即使该厂的锅炉是新购置不久的设备，但是忽视对安全设备的维护与保养，还是属于违法行为。

律师提示

安全设备平时维护、保养不到位，致使安全设备使用寿命大幅度降低，甚至发生安全事故的案例比比皆是。重视对安全设备的维护与保养是每一个企业的法定义务。对于不履行该法定义务的企业，《安全生产法》第九十九条规定了相应的法律责任。安全设备养护重在平时，须臾不可放松。安全设备的良好维护不但能减少事故隐患，还能实现节能降耗，企业受益良多。反之，安全设备一旦有安全隐患，企业将会付出代价。

法律依据

《中华人民共和国安全生产法》

第三十六条 安全设备的设计、制造、安装、使用、检测、维修、改造和报废，应当符合国家标准或者行业标准。

生产经营单位必须对安全设备进行经常性维护、保养，并定期检测，保证正常运转。维护、保养、检测应当作好记录，并由有关人员签字。

......

第九十九条 生产经营单位有下列行为之一的，责令限期改正，处五万元以下的罚款；逾期未改正的，处五万元以上二十万元以下的罚款，对其直接负责的主管人员和其他直接责任人员处一万元以上二万元以下的罚款；情节严重的，责令停产停业整顿；构成犯罪的，依照刑法有关规定追究刑事责任：

......

（三）未对安全设备进行经常性维护、保养和定期检测的；

......

26 对从业人员隐瞒工作环境中的危险因素，不合规

现实案例

周某经营的一家电气焊厂接到了一个新工程。与以往不同的是，工人并非在自己的厂区工作，而是需要跟随老板到某工地现场作业。周某在出发前做了动员讲话，承诺只要圆满完成任务，就会给大家额外发放奖金。工人们听后没有多加

思索，就都随车去了工地。其实，工地总承包商早在签约时就提示了周总，称工地周围的简易板房是可燃材料组建的，如果焊接工作引发火灾，后果均由周总自行承担。周总担心工人得知后闹事，就简单配置了大量灭火器材，而不向随行工人透露这一危险因素，照常指挥工人开展作业。

划重点

虽然企业已经采取安全防范措施，但是对从业人员隐瞒工作环境中的危险因素的做法是不合规的。

律师分析

安全生产是涉及职工生命安全的大事，也关系到企业的生存发展和稳定。安全生产既需要单位多加防范事故风险，也需要员工掌握相关的应急要害。实践中，很多企业为了追逐效益，在没能排除安全隐患的情况下，就推进项目作业。对作业人员隐瞒工作环境中的危险因素，这一做法大大地降低了作业人员防范安全隐患的警惕性。一旦事故发生，作业人员逃生应急反应就会出现延迟，给安全生产埋下了"定时炸弹"。

在我国，劳动者依法享有知情权，有权了解其作业场所中存在的危险因素，有权了解相关防范措施和事故应急措施。根据我国《安全生产法》第五十三条的规定，生产经营单位的从业人员既有知情权，又有权对本单位的安全生产工作提出建议。即便单位已经采取了必要的安全防范措施，法律依然不会免除企业如实告知员工作业风险的义务。

本案例中，电气焊厂的周某以额外发放奖金的方式激励员工参与户外作业的做法是可取的，但是其应当明确告知员工高收益背后面临的高风险，否则一经主管机关发现，企业还是会面临相应的处罚。

律师提示

随着就业人员法律意识、安全意识的提高，拒绝冒险作业的维权举动越来越多。于是，很多企业为了博取高额收益，减少员工对安全作业环境的要求，而选择不告知作业人员实际情况，侵害员工的知情权和建议权。不履行如实告知义务的企业将承担相应的法律责任。只有保障员工对生产安全的知情权，才能群策群力，共同应对、化解危险隐患，企业才能往更高、更远的方向发展。

法律依据

《中华人民共和国安全生产法》

第四十四条第一款　生产经营单位应当教育和督促从业人员严格执行本单位的安全生产规章制度和安全操作规程；并向从业人员如实告知作业场所和工作岗位存在的危险因素、防范措施以及事故应急措施。

第五十三条　生产经营单位的从业人员有权了解其作业场所和工作岗位存在的危险因素、防范措施及事故应急措施，有权对本单位的安全生产工作提出建议。

第九十七条　生产经营单位有下列行为之一的，责令限期改正，处十万元以下的罚款；逾期未改正的，责令停产停业整顿，并处十万元以上二十万元以下的罚款，对其直接负责的主管人员和其他直接责任人员处二万元以上五万元以下的罚款：

……

（三）未按照规定对从业人员、被派遣劳动者、实习学生进行安全生产教育和培训，或者未按照规定如实告知有关的安全生产事项的；

……

（五）未将事故隐患排查治理情况如实记录或者未向从业人员通报的；

……

27 通过劳动合同减轻企业对员工因生产安全事故伤亡而承担的责任，不合规

现实案例

某板材制造厂人事部在年底财务决算会议上提出，公司近几年对于受伤职工的赔偿以及安置成本大幅上升。公司个别领导借机提出，职工在养伤期间不能提供劳动，但是相关工资待遇还需要照常发放，公司就应当想办法解决这一负担。后来，经过公司表决决议，决定全厂职工统一重新签订劳动合同。劳动合同明确规定：如果发生安全事故的，公司可以配合申报工伤保险；但对于应当由公司负担的停工留薪期工资等待遇，要求员工在劳动合同中明确放弃。

划重点

虽然企业与员工在劳动合同中明确约定了减轻企业安全事故责任承担的条款，但这种约定是不合法、无效的。

律师分析

企业作为市场经营的主体，负有保障其从业人员人身、财产安全的法律责任，在发生安全生产事故后也应当依法对从业人员承担法定及约定的责任。生产安全风险属于企业市场经营中面临的风险之一，这种风险发生的后果往往可能带来严重的损害，而作为单薄个体的从业人员是无法承担的，因此，法律要求用工单位帮助从业人员分担风险。企业试图通过协议转嫁风险和责任的方式，以增加企业生存的筹码，这种做法是法律所不允许的。为了防止这种不公平现象的发生，《安全生产法》第五十二条明确规定，生产经营单位不得以任何形式与从业人员订立协议，免除或者减轻其对从业人员因生产安全事故伤亡依法应承担的责任。这一责任是企业的法定责任，即其无法通过劳动协议、用工协议、安全协议等形式免除或者减轻自身的责任。

在本案例中，板材制造厂通过的决议，因其内容违法而没有法律效力。即使劳动者与板材制造厂重新签订了新的劳动合同，在厂内执行这一决议，一旦发生安全生产事故，这样的免责方式也无法得到法律的支持。

律师提示

无论是日常的安全教育、保障责任，还是安全生产事故发生后的赔偿责任，都是企业不可推卸的法律责任。企业切不可自作聪明地通过所谓的合同、协议外衣，来实现减轻甚至免除责任的违法目的。《安全生产法》第一百零六条已经对这种违法情形作出了明确的处罚规定。安全生产容不得半点投机取巧，加强安全生产培训，引导从业人员依规操作，降低安全事故发生风险，才是企业在安全生产领域中应当投入精力的工作方向。

法律依据

《中华人民共和国安全生产法》

第五十二条 生产经营单位与从业人员订立的劳动合同，应当载明有关保障从业人员劳动安全、防止职业危害的事项，以及依法为从业人员办理工伤保险的事项。

生产经营单位不得以任何形式与从业人员订立协议，免除或者减轻其对从业人员因生产安全事故伤亡依法应承担的责任。

第一百零六条 生产经营单位与从业人员订立协议，免除或者减轻其对从业人员因生产安全事故伤亡依法应承担的责任的，该协议无效；对生产经营单位的主要负责人、个人经营的投资人处二万元以上十万元以下的罚款。

28 生产事故发生后未注意保护好现场，不合规

现实案例

某炼钢厂在对车间隔热板材焊接时，由于现场工作人员操作不慎，致使迸射的

火星落到了衬板上，继而引发了火灾，造成现场人员受伤、设备受损的严重后果。火灾扑灭后，现场指挥的公司负责人并未封锁事故现场，等待事故调查部门，而是带人进入现场查看，催促工作人员对现场进行清理，准备自行恢复施工与生产。

划重点

发生成因简单明确的安全事故后，企业急于恢复生产，未保护现场待主管机关调查的，不合规。

律师分析

安全事故在得到有效控制后，生产经营单位和现场有关部门应当保护好现场，等待负有职责的部门进行事故调查后，方可清理现场，组织生产。事故现场是事故最原始的展现，对于查清事故起因、评析事故责任起着决定性的作用。在现实生活中，往往存在着有的单位或是单位负责人员自认为事故成因简单明晰或是为了掩饰事故原因，而破坏事故现场。不论这种行为是出于何种目的，都是法律所不允许的。如果是为了掩盖事故发生原因，逃避事故责任而破坏事故现场的，还可能就此承担相应的刑事责任。

依据《安全生产法》第八十三条的规定，单位负责人接到事故报告后，应当迅速采取有效措施，组织抢救，防止事故扩大，减少人员伤亡和财产损失，不得故意破坏事故现场、毁灭有关证据。由此可见，安全事故发生后，采取抢救措施是企业的法定责任，而保护事故现场，等待有关机关的事故调查，也是企业的法定责任之一。

在本案例中，炼钢厂虽然出发点是为了尽快恢复公司的生产，但是在有关部门未介入之前就破坏现场的行为，是为法律所明令禁止的。

律师提示

保护事故现场是事故发生后生产经营单位的一项法定义务。单位负责人应当在日常管理中明确这一职责。一旦发生事故，首先，应当组织抢险和上报有关部门；其次，应当保护好事故现场，配合有关部门的调查；最后，在查实事故原因后，要吸取经验教训，制定更为科学合理的安全保障机制，防止类似情况的再次发生。

法律依据

《中华人民共和国安全生产法》

第八十三条　生产经营单位发生生产安全事故后，事故现场有关人员应当立即报告本单位负责人。

单位负责人接到事故报告后，应当迅速采取有效措施，组织抢救，防止事故扩大，减少人员伤亡和财产损失，并按照国家有关规定立即如实报告当地负有安全生产监督管理职责的部门，不得隐瞒不报、谎报或者迟报，不得故意破坏事故现场、毁灭有关证据。

29 生产事故发生后，主要负责人拒绝接受调查，不合规

现实案例

某建筑施工工地因固定连接措施未做好，导致正在施工的塔吊发生了倒塌，所幸除操作人员外，并未有其他人员受伤。市应急管理局在现场得到控制后展开了事故调查工作。但是施工单位主要负责人齐某得知调查组要求核实相关情况后，在电话里屡次推脱，声称施工现场的项目经理和技术人员才是真正负责工程作业实施的，自己只负责运营层面的事，不了解相关情况，拒绝接受调查。

划重点

不论企业内部具体工作如何分工，企业的主要负责人都应当配合事故责任调查，否则是不合规的。

律师分析

安全生产事故一旦发生，受到伤害的不光是企业，还有员工及他们的家庭。

事故的危害之大和影响之严重不言而喻。为了最大限度地降低事故发生的风险，必须从严管控安全生产的各个环节，而生产经营单位的主要负责人就是法定的安全生产责任第一人，此法律责任不因企业内部工作安排、调整而有所变化。发生安全生产事故后，生产经营单位的主要负责人必须承担接受调查、如实陈述的义务，不得阻挠和干涉对事故的依法调查处理。《安全生产法》第一百一十条对生产经营单位主要负责人在事故发生后所应当履行的义务作出了明确规定，即应当立即组织抢救，不得擅离职守、逃匿，不得对事故隐瞒不报、谎报或者迟报，否则将受到行政处罚，甚至担负刑事责任。作为企业负责人，要时刻绷紧安全生产这根弦，全面履行第一责任人的法律义务。

律师提示

企业的主要负责人在公司的日常经营管理中，除要负责公司的运营外，还要高度重视公司的安全生产，从领导层面对生产安全给予足够的支持与保障。在事故发生后，不能抱有侥幸逃避心理，而应当积极组织救援与善后工作，勇于实事求是地配合相关部门的调查，查清事故的发生原因，坚持安全不是成本、安全就是企业效益的观念，迅速整改，确保后续不再因类似的原因发生安全生产事故。

法律依据

《中华人民共和国安全生产法》

第八十八条　任何单位和个人不得阻挠和干涉对事故的依法调查处理。

第一百一十条　生产经营单位的主要负责人在本单位发生生产安全事故时，不立即组织抢救或者在事故调查处理期间擅离职守或者逃匿的，给予降级、撤职的处分，并由应急管理部门处上一年年收入百分之六十至百分之一百的罚款；对逃匿的处十五日以下拘留；构成犯罪的，依照刑法有关规定追究刑事责任。

生产经营单位的主要负责人对生产安全事故隐瞒不报、谎报或者迟报的，依照前款规定处罚。

第四章　财会与税务管理

30 让不具有会计师资格的人或是没有足够会计工作经验的人担任会计主管，不合规

现实案例

甲公司的一名会计主管即将退休。但是，公司还没有找到合适的人接任该职位。甲公司的经理对此也是万分焦急。他突然想到办公室副主任顾某，虽然顾某没有学习过会计专业知识，也没有考取过会计师资格证，但是顾某以前从事过几个月的会计工作，又有很强的管理经验，应该是能胜任会计主管的工作。于是，公司会计主管的工作就由顾某接任了。

划重点

企业让不具有会计师资格的人或是没有足够会计工作经验的人担任会计主管人员，是不合规的。

律师分析

会计一职具有一定的专业性。从事会计工作的人员，应当具备必要的专业知识和专业技能。会计主管是单位会计机构的负责人或主管单位会计工作的技术负责人，是各单位会计工作的具体领导者和组织者。因此，法律对于会计主管的要求比一般的会计人员要更严格。根据我国《会计法》第三十八条的规定，会计主管应当具备会计师以上专业技术职务资格或者从事会计工作三年以上经历。也就是说，担任会计主管首先要具备会计工作的专业能力，其次要么是具有会计师

以上专业技术职务资格，要么具有三年以上会计工作经历，否则是不能担任会计主管的。

在本案例中，顾某并没有学习过会计知识，不具备专业能力，既没有会计师以上专业技术职务资格，也没有三年以上的会计工作经历，其并不能担任公司的会计主管。

律师提示

会计部门的主管或负责人是企业管理中非常重要的人员，其担负了企业财务工作的重要内容，如强化会计核算、降低企业运行成本、加强会计监督、提高企业效益、做好会计分析、为决策提供参考等，因此，会计主管的人选对企业来说是至关重要的。而法律对会计主管任职条件的规定正是为了保障该人选的合格。如果企业任用的会计主管条件不符合法律规定，不仅不利于企业管理，还有可能面临行政处罚。依据《会计法》第四十二条第一款的规定，任用会计人员不符合规定的，由县级以上人民政府财政部门责令限期改正，单位和直接责任人等人员还有可能面临罚款。

法律依据

《中华人民共和国会计法》

第三十八条 会计人员应当具备从事会计工作所需要的专业能力。

担任单位会计机构负责人（会计主管人员）的，应当具备会计师以上专业技术职务资格或者从事会计工作三年以上经历。

本法所称会计人员的范围由国务院财政部门规定。

第四十二条第一款 违反本法规定，有下列行为之一的，由县级以上人民政府财政部门责令限期改正，可以对单位并处三千元以上五万元以下的罚款；对其直接负责的主管人员和其他直接责任人员，可以处二千元以上二万元以下的罚款；属于国家工作人员的，还应当由其所在单位或者有关单位依法给予行政处分：

……

（十）任用会计人员不符合本法规定的。

31 设置两本账本：一本"明账"，另一本"暗账"，不合规

现实案例

乙公司在经营过程中，只有一本会计账簿，如实记录了公司的收入和支出。乙公司经理在和其他公司经理聚会聊天时得知，很多公司都有两套账簿，俗称"明账""暗账"。其中，"明账"是为了应付检查、年检等对公业务；"暗账"记录公司的实际经营情况。乙公司经理考虑了很久，觉得使用两套账簿对公司经营是有利的，而且这么多公司都在使用两套账簿也没出什么问题，遂决定也使用两套账簿。

划重点

企业在经营过程中设置两套会计账簿，是不合规的。

律师分析

会计账簿是反映企业经营状况的重要凭证。在实践中，出于减少税收、应付检查、融资等原因，很多企业设置两套账簿：一套"明账"用于对外；另一套"暗账"用于对内。但不论何种原因，设置两套账簿都是不合法、不合规的。

会计账簿是审计工作和税收、价格、贷款等经济管理工作的重要依据，更是重要的经济档案。根据我国《会计法》第十六条的规定，各单位发生的各项经济业务事项应当在依法设置的会计账簿上统一登记、核算，不得私设会计账簿登记、核算。会计账簿的统一主要体现在会计账簿要统一标准、统一基础数据、统一业务流程等。会计账簿记录是编制财务会计报告的主要依据，财务会计报告中提供的会计信息是不是可靠，与会计账簿的设置和登记有密切的联系。企业只有做到会计账簿的统一才能真实地反映企业经营状况。

本案例中的公司使用"明暗账"，无非就是想通过在会计账簿上做手脚，以达到隐瞒企业真实情况，实现避税、应付检查的不法目的。这显然是违法的，一

旦被查处，势必会面临相应的处罚。

律师提示

我国《公司法》第一百七十一条第一款也明确规定了公司除法定的会计账簿外，不得另立会计账簿。设立"明暗账"的行为是违反《会计法》和《公司法》规定的行为。根据《会计法》第四十二条的规定，对于私设账簿的，由县级以上人民政府财政部门责令限期改正，可以对单位并处罚款；另外，对其直接负责的主管人员和其他直接责任人员，也可以进行罚款处罚；构成犯罪的依法追究刑事责任。并且，会计人员有私设会计账簿行为的，情节严重的，五年内不得从事会计工作。因此，企业在经营过程中，一定要按照会计账簿的统一原则，如实记账，否则不仅是责令改正、罚款，更有可能承担刑事责任，而且通过不如实记账逃税漏税的，也会承担相应的行政、刑事责任。

法律依据

《中华人民共和国会计法》

第十六条　各单位发生的各项经济业务事项应当在依法设置的会计帐簿上统一登记、核算，不得违反本法和国家统一的会计制度的规定私设会计帐簿登记、核算。

第四十二条　违反本法规定，有下列行为之一的，由县级以上人民政府财政部门责令限期改正，可以对单位并处三千元以上五万元以下的罚款；对其直接负责的主管人员和其他直接责任人员，可以处二千元以上二万元以下的罚款；属于国家工作人员的，还应当由其所在单位或者有关单位依法给予行政处分：

……

（二）私设会计帐簿的；

……

有前款所列行为之一，构成犯罪的，依法追究刑事责任。

会计人员有第一款所列行为之一，情节严重的，五年内不得从事会计工作。

有关法律对第一款所列行为的处罚另有规定的，依照有关法律的规定办理。

《中华人民共和国公司法》

第一百七十一条第一款 公司除法定的会计账簿外，不得另立会计账簿。

32 将公司现金收入存入个人账户的，不合规

现实案例

贾某在某公司任职会计工作。该公司经常有客户用现金支付货款，贾某当天就会将收取的现金存入公司的银行账户。这一天，贾某的领导顾某私下找到他，告诉他大笔现金不要再存入公司账户，直接存入顾某个人账户，这样比从公司账户存取更为方便。贾某虽然觉得这样做不符合规定，但顾某是自己的领导，领导既然提出这样的要求，自己按照领导的要求办就行了。于是，贾某就将当天收取的现金全部存入了顾某的个人账户。自此之后，贾某收到客户的大额现金时，就将现金存入顾某账户，等用钱时，再从顾某账户中支取。

划重点

企业的现金收入属于企业所有，不仅体现在实质上，也要体现在形式上，要存入企业账户，而将其存入个人账户是不合规的。

律师分析

会计范畴中的现金又称库存现金，是指存放在企业并由出纳人员保管的现钞，包括库存的人民币和各种外币。现金是流动性最大的一种货币资金，可以随时用于企业经营，支付企业各种支出等。我国法律对于企业现金管理有明确的规定，用于监督企业现金收入的管理。《现金管理暂行条例》第九条、第十一条第一项、第十二条规定，企业只能留存3—5天的日常开支的现金，超出限额的要在当日将现金存入开户银行，如当日存入困难的，则按照开户行确定的时间送存。企业要建立现金账目，账目日清月结，现金的存取要与账目相符。如企业未

按照上述规定管理现金，将现金存入个人私户或是在账外设立现金公款的，根据《现金管理暂行条例》第二十一条的规定，开户银行可以对企业予以警告或者罚款；情节严重的，开户银行也可在一定期限内停止对该企业贷款或者停止对该企业的现金支付业务。

在本案例中，贾某管理公司的现金，在将现金限额留存后，应及时存入公司账户。而顾某作为公司领导，授意贾某将现金存入其个人账户，显然是违规行为。虽然顾某不属于"私自占有公司财产"的情形，但贾某作为会计工作者，在明知这样操作不合规的情形下，应该及时向领导提出建议，更正错误做法。否则，如果被发现，公司可能面临警告、罚款，亦有可能面临停贷或是停止现金支付业务的后果。

律师提示

企业和个人违反有关法律法规和财经管理制度，将公款以个人名义存入银行等金融机构的，称为公款私存。我国《商业银行法》第四十八条第二款也明确规定了禁止任何单位和个人将单位的资金以个人名义开立账户存储。公款私存对于企业来说，不仅不合规，还具有很大的风险。比如，有的企业因为存在公款私存的问题，会计人员或是其他工作人员就利用公司的这个管理漏洞，在未得到企业许可的情况下将公款挪作私用以获得短期利益。在这种情况下，虽然个人会依据《刑法》第二百七十二条的规定，按照挪用资金罪定罪处罚，但企业有可能面临公款无法追缴回来的情况，从而遭受重大经济损失。

法律依据

《现金管理暂行条例》

第九条 开户银行应当根据实际需要，核定开户单位3天至5天的日常零星开支所需的库存现金限额。

边远地区和交通不便地区的开户单位的库存现金限额，可以多于5天，但不得超过15天的日常零星开支。

第十一条 开户单位现金收支应当依照下列规定办理：

（一）开户单位现金收入应当于当日送存开户银行。当日送存确有困难的，由开户银行确定送存时间；

……

第十二条 开户单位应当建立健全现金账目，逐笔记载现金支付。账目应当日清月结，账款相符。

第二十一条 开户单位有下列情形之一的，开户银行应当依照中国人民银行的规定，予以警告或者罚款；情节严重的，可在一定期限内停止对该单位的贷款或者停止对该单位的现金支付：

……

（九）将单位的现金收入按个人储蓄方式存入银行的；

（十）保留账外公款的；

……

《中华人民共和国商业银行法》

第四十八条第二款 任何单位和个人不得将单位的资金以个人名义开立账户存储。

《中华人民共和国刑法》

第二百七十二条 【挪用资金罪】① 公司、企业或者其他单位的工作人员，利用职务上的便利，挪用本单位资金归个人使用或者借贷给他人，数额较大、超过三个月未还的，或者虽未超过三个月，但数额较大、进行营利活动的，或者进行非法活动的，处三年以下有期徒刑或者拘役；挪用本单位资金数额巨大的，处三年以上七年以下有期徒刑；数额特别巨大的，处七年以上有期徒刑。

……

有第一款行为，在提起公诉前将挪用的资金退还的，可以从轻或者减轻处罚。其中，犯罪较轻的，可以减轻或者免除处罚。

---

① 本书法条条文"【】"及其中的文字为法条条旨，非法条原文。后同。

33 公司开设其他银行账户，不向税务机关报告，不合规

现实案例

某公司设立之初仅在银行开设了基本账户，公司的收付款都是通过该账户进行操作。随着公司业务的增多，仅使用基本账户已经不能满足公司经营、管理需求。于是，公司经理就要求财务部人员再从银行开两个公司账户，以方便公司使用。当财务人员提出开户要向税务机关报告后，经理却听信他人建议，将新账户秘而不报，这样以备公司在日后的资金操作方面更具有"空间"。

划重点

企业在经营过程中设立银行账户后不向税务机关报告是不合规的。

律师分析

企业账户的收支情况反映了企业的经营状况，也是税收的重要依据。我国对于企业账户的开户是有具体规定的，《企业银行结算账户管理办法》第三条、第十一条规定，企业只能在银行开具一个基本存款账户，同时可以设立一个以上的一般存款账户。另外，根据我国《税收征收管理法》第十七条第一款的规定，企业应将其设立的所有对公账户的账号向税务机关报告。对于私设对公账户，不向税务机关报告是违法的、不合规的。企业私设个人账户，如用法人、会计人员个人账号参与公司收支，更是违反法律规定的。

本案例中的公司设立了基本账户后，再开通一般存款账户，只要向税务机关进行报备就是合理合法的。但是，该公司经理却要求财务人员对新开户的事情不得向税务机关报告，这是不合规的。

律师提示

根据我国《税收征收管理法》第六十条第一款的规定，企业未按照规定将

其全部银行账号向税务机关报告的,由税务机关责令限期改正,可以处2000元以下的罚款;情节严重的,处2000元以上1万元以下的罚款。实践中,企业因私设账户不报告而管理运营公司资产的,有可能涉及偷税漏税,被依法追究法律责任。

法律依据

《中华人民共和国税收征收管理法》

第十七条第一款 从事生产、经营的纳税人应当按照国家有关规定,持税务登记证件,在银行或者其他金融机构开立基本存款帐户和其他存款帐户,并将其全部帐号向税务机关报告。

第六十条第一款 纳税人有下列行为之一的,由税务机关责令限期改正,可以处二千元以下的罚款;情节严重的,处二千元以上一万元以下的罚款:

……

(四)未按照规定将其全部银行帐号向税务机关报告的;

……

《企业银行结算账户管理办法》

第三条第二款 企业只能在银行开立一个基本存款账户,不得开立两个(含)以上基本存款账户。

第十一条 企业开立一般存款账户、专用存款账户的,银行应当遵守《人民币银行结算账户管理办法》(中国人民银行令〔2003〕第5号发布)等规定,对企业应当出具的开户证明文件进行严格要求和审查,并判断企业开户合理性,防止企业违规开立或随意开立银行账户。

34 企业因保管资料不善,致使会计资料毁损、灭失,不合规

现实案例

某公司会计部的钱某负责保管企业的凭证、账簿等会计资料。他平时会将会

计资料存放在档案室的文件柜里。后来，文件柜存满，钱某就向公司申请购买文件柜。公司经理觉得档案室只存放了会计资料，文件柜放不下了，可以先将会计资料放置到地上，只要确保会计资料放到档案室里就行了。钱某无奈，只好将会计资料分门别类地放置到了档案室的地上，再用塑料布将资料盖好，防止落上灰尘。冬天，由于档案室内的暖气片漏水，档案室地上的会计资料被浸泡损毁了很大一部分。

划重点

企业要妥善保存会计资料，因保管不善致使会计资料毁损、灭失是不合规的。

律师分析

会计资料管理、保管是财务管理的重要环节。但在实践中，很多企业往往都重视会计业务，轻视会计资料的管理，致使管理会计资料成为财务管理工作的一个薄弱环节，直接影响财务管理的质量和水平。

会计资料是有关会计核算的专业材料，是记录和反映一个单位经济业务的重要史料和证据，也是检查一个企业是否遵守财经纪律的书面证明。我国《会计法》第二十三条规定，各单位对会计凭证、会计账簿、财务会计报告和其他会计资料应当建立档案，妥善保管。现实中，妥善保管要保证会计资料不被破损、不霉烂、不被虫蛀；要使会计档案存放有序，查找方便，而且要严格执行安全和保密制度，不得随意堆放，以防止泄露企业秘密。

在本案例中，钱某负责保管会计资料，在文件柜装满后，公司经理不批准购买新的文件柜，反而要求钱某将会计资料随意放置到地面上，没有做到妥善保管会计资料，致使资料被水浸泡损毁。该公司的行为是违反《会计法》规定的，是不合法、不合规的。

律师提示

对会计资料建立档案并妥善保管是企业的法定义务，如企业未按照此规定履行义务，根据《会计法》第四十二条的规定，由县级以上人民政府财政部门责令限期改正，可以对单位并处罚款；另外对其直接负责的主管人员和其他直接责任人员，也可以进行罚款处罚；构成犯罪的依法追究刑事责任。如会计人员未妥善保管会计资料，致使会计资料毁损、灭失，情节严重的，五年内不得从事会计工作。

法律依据

《中华人民共和国会计法》

第二十三条　各单位对会计凭证、会计帐簿、财务会计报告和其他会计资料应当建立档案，妥善保管。会计档案的保管期限和销毁办法，由国务院财政部门会同有关部门制定。

第四十二条　违反本法规定，有下列行为之一的，由县级以上人民政府财政部门责令限期改正，可以对单位并处三千元以上五万元以下的罚款；对其直接负责的主管人员和其他直接责任人员，可以处二千元以上二万元以下的罚款；属于国家工作人员的，还应当由其所在单位或者有关单位依法给予行政处分：

......

（八）未按照规定保管会计资料，致使会计资料毁损、灭失的；

......

有前款所列行为之一，构成犯罪的，依法追究刑事责任。

会计人员有第一款所列行为之一，情节严重的，五年内不得从事会计工作。

有关法律对第一款所列行为的处罚另有规定的，依照有关法律的规定办理。

35 帮朋友公司虚开、空开增值税普通发票，不合规

现实案例

A公司主营业务是生产销售办公用品，季某是该公司的法定代表人。季某和武某是高中同学，关系非常好。武某经营一家网络公司。平时，二人的公司并没有任何业务往来。某天，武某到A公司找季某，想让季某帮忙开一些办公用品的

增值税普通发票。季某考虑过后，觉得两个公司虽没有业务往来，但发票数额不大，出于朋友关系，便答应了武某，为武某的网络公司开具了增值税普通发票。

划重点

企业给没有业务往来的公司虚开、空开增值税普通发票是不合规的。

律师分析

增值税普通发票是增值税纳税人销售货物或者提供应税劳务、服务时，通过增值税税控系统开具的普通发票。在实践中，很多企业存在为自己或是为他人虚开、空开增值税普通发票的行为，有的企业认为增值税普通发票不能抵扣税款，即便虚开了增值税普通发票也不会有问题。殊不知，虚开、空开增值税普通发票也是不合规的。

我国《发票管理办法》第二十二条规定，开具发票要如实开具，不能为他人开具与实际经营业务情况不符的发票。也就是说，只有双方存在真实的业务关系时，才可以为对方开具增值税普通发票。比如，甲公司向乙公司订购了货物，双方存在真实的买卖合同关系，乙公司就可以为甲公司开具增值税普通发票。否则，在双方没有任何经济、业务往来的情况下，开具增值税普通发票，就属于空开、虚开，是不合规的。

在本案例中，A公司与武某经营的网络公司没有任何业务往来，季某出于朋友情谊，为武某的公司虚开、空开增值税普通发票，这是违反《发票管理办法》的行为，如被税务局查处，则面临没收违法所得、罚款的行政处罚。

律师提示

企业为他人虚开、空开增值税普通发票时，他人可能是出资购买或是许以好处，企业认为开具发票，税点由他人承担，企业本身没有经济损失，而且能得到一部分利益，因此很多企业对虚开、空开增值税普通发票来者不拒，但该行为是被国家法律明确禁止的，一经查处势必会面临严重的法律后果。我国《发票管理办法》第三十七条规定，虚开、空开增值税普通发票的，由税务机关没收违法所得，如税点、好处费等，税务机关根据虚开发票的数额对企业进行罚款，构成犯罪的，如虚开发票罪，根据《刑法》第二百零五条之一的规定，会被依法判处二年以下有期徒刑、拘役或者管制，并处罚金；情节特别严重的，则面临二年以上七年以下有期徒刑，并处罚金。

法律依据

《中华人民共和国发票管理办法》

第二十二条　开具发票应当按照规定的时限、顺序、栏目，全部联次一次性如实开具，并加盖发票专用章。

任何单位和个人不得有下列虚开发票行为：

（一）为他人、为自己开具与实际经营业务情况不符的发票；

（二）让他人为自己开具与实际经营业务情况不符的发票；

（三）介绍他人开具与实际经营业务情况不符的发票。

第三十七条　违反本办法第二十二条第二款的规定虚开发票的，由税务机关没收违法所得；虚开金额在1万元以下的，可以并处5万元以下的罚款；虚开金额超过1万元的，并处5万元以上50万元以下的罚款；构成犯罪的，依法追究刑事责任。

非法代开发票的，依照前款规定处罚。

《中华人民共和国刑法》

第二百零五条之一　【虚开发票罪】虚开本法第二百零五条规定以外的其他发票，情节严重的，处二年以下有期徒刑、拘役或者管制，并处罚金；情节特别严重的，处二年以上七年以下有期徒刑，并处罚金。

单位犯前款罪的，对单位判处罚金，并对其直接负责的主管人员和其他直接责任人员，依照前款的规定处罚。

36 通过虚构交易取得增值税专用发票，并将其用于出口退税，不合规

现实案例

B公司是有进出口经营权的外贸企业。李某是该公司的法定代表人。李某经人介绍认识了生产销售服装的C公司总经理朱某。二人一见如故，逐渐成为很好的朋友。李某听说可以利用增值税专用发票办理出口退税，于是便找到朱某，让朱某的公司为其提供增值税专用发票，并对朱某许以好处。二人商量好后，虚构了订购合同，朱某为李某提供了增值税专用发票，李某利用专用发票申报出口退税。

划重点

通过虚构交易取得增值税专用发票，并将其用于出口退税，不合规。

律师分析

增值税专用发票是由国家税务总局监制设计印制的，既是纳税人经济活动中的重要会计凭证，又是销货方纳税义务和购货方进项税额的合法证明，是增值税计算和管理中的重要专用发票。增值税专用发票有一个重要的作用就是，可以依法抵扣购货进项税额，而增值税普通发票就没有这个作用。鉴于增值税专用发票的此项作用，实践中，就有企业请求他人代开增值税专用发票，用以抵税或申请退税，也有企业为了利益向他人出售、虚开增值税专用发票。无论是何种情况，虚开增值税专用发票和使用虚开的增值税专用发票都是不合法的。

开具专用发票必须要如实开具。"如实"最基本的就是指双方必须要有实际、真实的交易。这是对开具增值税专用发票的最基本、最重要的条件。如果不存在真实的交易，就是虚开增值税专用发票的行为。虚开增值税专用发票的，经税务机关责令改正未改正的不得再领购开具专用发票。另外，根据《发票管理办

法》第三十七条第一款的规定，虚开增值税专用发票的，根据开具的数额进行罚款处罚；构成犯罪的，依法追究刑事责任。

在使用虚开的增值税专用发票中，利用此类发票进行出口退税并不罕见。本案例中，B公司与C公司并没有经济往来，也没有实际的业务往来，李某为了利用增值税专用发票骗取出口退税，对朱某许以好处，二人虚构合同，由朱某以C公司的名义虚开增值税专用发票提供给李某，李某则以B公司的名义骗取出口退税。在这个过程中，如果数额较大，两家公司都可能涉嫌犯罪。

律师提示

我国《刑法》中规定有"虚开增值税专用发票罪"和"骗取出口退税罪"。其中，前者的"罪行"包括为他人虚开、为自己虚开、让他人为自己虚开、介绍他人虚开增值税专用发票的行为。由此可知，在上面的案例中，如果所开票的数额达到5万元，那么两个公司都涉嫌犯了虚开增值税专用发票罪。并且，根据《最高人民法院关于审理骗取出口退税刑事案件具体应用法律若干问题的解释》第一条第三项以及第三条的规定，以虚构已税货物出口事实为目的虚开增值税专用发票的属于假报出口的行为，骗取国家出口退税款5万元以上的就构成骗取出口退税罪。那么，B公司还可能涉嫌构成骗取出口退税罪。不管怎样，他们都难逃法律的惩罚。

法律依据

《中华人民共和国发票管理办法》

第二十二条 开具发票应当按照规定的时限、顺序、栏目，全部联次一次性如实开具，并加盖发票专用章。

任何单位和个人不得有下列虚开发票行为：

（一）为他人、为自己开具与实际经营业务情况不符的发票；

……

第三十七条第一款 违反本办法第二十二条第二款的规定虚开发票的，由税务机关没收违法所得；虚开金额在1万元以下的，可以并处5万元以下的罚款；虚开金额超过1万元的，并处5万元以上50万元以下的罚款；构成犯罪的，依法追究刑事责任。

《中华人民共和国刑法》

第二百零四条　【骗取出口退税罪】【逃税罪】 以假报出口或者其他欺骗手段，骗取国家出口退税款，数额较大的，处五年以下有期徒刑或者拘役，并处骗取税款一倍以上五倍以下罚金；数额巨大或者有其他严重情节的，处五年以上十年以下有期徒刑，并处骗取税款一倍以上五倍以下罚金；数额特别巨大或者有其他特别严重情节的，处十年以上有期徒刑或者无期徒刑，并处骗取税款一倍以上五倍以下罚金或者没收财产。

纳税人缴纳税款后，采取前款规定的欺骗方法，骗取所缴纳的税款的，依照本法第二百零一条的规定定罪处罚；骗取税款超过所缴纳的税款部分，依照前款的规定处罚。

第二百零五条　【虚开增值税专用发票、用于骗取出口退税、抵扣税款发票罪】 虚开增值税专用发票或者虚开用于骗取出口退税、抵扣税款的其他发票的，处三年以下有期徒刑或者拘役，并处二万元以上二十万元以下罚金；虚开的税款数额较大或者有其他严重情节的，处三年以上十年以下有期徒刑，并处五万元以上五十万元以下罚金；虚开的税款数额巨大或者有其他特别严重情节的，处十年以上有期徒刑或者无期徒刑，并处五万元以上五十万元以下罚金或者没收财产。

单位犯本条规定之罪的，对单位判处罚金，并对其直接负责的主管人员和其他直接责任人员，处三年以下有期徒刑或者拘役；虚开的税款数额较大或者有其他严重情节的，处三年以上十年以下有期徒刑；虚开的税款数额巨大或者有其他特别严重情节的，处十年以上有期徒刑或者无期徒刑。

虚开增值税专用发票或者虚开用于骗取出口退税、抵扣税款的其他发票，是指有为他人虚开、为自己虚开、让他人为自己虚开、介绍他人虚开行为之一的。

《最高人民法院关于审理骗取出口退税刑事案件具体应用法律若干问题的解释》

第一条 刑法第二百零四条规定的"假报出口"，是指以虚构已税货物出口事实为目的，具有下列情形之一的行为：

……

（三）虚开、伪造、非法购买增值税专用发票或者其他可以用于出口退税的发票；

......

第三条 骗取国家出口退税款 5 万元以上的，为刑法第二百零四条规定的"数额较大"；骗取国家出口退税款 50 万元以上的，为刑法第二百零四条规定的"数额巨大"；骗取国家出口退税款 250 万元以上的，为刑法第二百零四条规定的"数额特别巨大"。

《最高人民法院关于虚开增值税专用发票定罪量刑标准有关问题的通知》

二、在新的司法解释颁行前，对虚开增值税专用发票刑事案件定罪量刑的数额标准，可以参照《最高人民法院关于审理骗取出口退税刑事案件具体应用法律若干问题的解释》（法释〔2002〕30号）第三条的规定执行，即虚开的税款数额在五万元以上的，以虚开增值税专用发票罪处三年以下有期徒刑或者拘役，并处二万元以上二十万元以下罚金；虚开的税款数额在五十万元以上的，认定为刑法第二百零五条规定的"数额较大"；虚开的税款数额在二百五十万元以上的，认定为刑法第二百零五条规定的"数额巨大"。

37 企业使用民间票据"贴现"，不合规

现实案例

陈某在某建筑企业任法定代表人。该建筑企业最近承建了某大型石化公司环保升级改造项目，在合同中约定的工程款支付方式明确为某行的一年期承兑汇票。鉴于前期垫资较多，且后续的施工仍需大量投入，所以在收到第一笔进度款后，陈某就指示财务人员尽快将票据贴现以注入项目来推进施工进度。此时，财务负责人向陈某建议，如果公司选择去正规的金融机构进行票据贴现，一是手续准备比较麻烦，二是目前银行收取的贴现利息相较于民间贴现利息明显要高，所以建议公司寻找本地专门从事贴现业务的民间公司进行合作，以减少手续和成本支出。陈某默许了财务负责人的行为。

划重点

企业进行票据贴现业务，应当选择具有资质的金融机构。企业私下与民间机构进行票据贴现的业务，不合规。

律师分析

票据贴现本质上是合法持票人通过让渡一部分贴现利息款项来取得时效利益。但是，为了保障金融市场安全，防止洗钱等不法行为的发生，国家法律法规规定，在业务开展上只有具有法定资质的金融机构方可进行，在程序上要求持票人需提供相关的贴现准备材料，其中就包括记载真实交易发生的相关材料。而民间企业、机构私下承揽这一业务无疑是破坏国家金融秩序的，可能构成相应的刑事犯罪。对于持票人而言，不顾法律的规定而私下选择不具有法定资质的民间机构进行贴现也是违反法律的行为。此时双方间从事的行为违反的是国家法律法规的禁止性规定，这样的行为也将因违背法律的规定而归于无效。依据《全国法院民商事审判工作会议纪要》第一百零一条第一款的规定，合法持票人向不具有法定贴现资质的当事人进行"贴现"的，该行为应当认定无效，贴现款和票据应当相互返还。当事人不能返还票据的，原合法持票人可以拒绝返还贴现款。

本案例中，陈某所在的建筑企业为了实现所谓的自身利益，想要进行民间贴现的想法明显是违背法律规定的。企业应该对此予以警醒，切不可贪图便宜而触犯法律规定。

律师提示

在商事交往中，许多企业为了有效保障企业的资金流以及减少短期成本支出，或者是出于交易安全等因素考虑，往往会选择票据进行交易，但是经转让后的合法持票人又想迅速实现现金利益，通过真实交易而发生转让的情况又不能时时发生，所以贴现业务成为目前很多企业的首选。但是需要引起企业注意的是，虽然作为合法持票人，处分自己的财产具有正当性，但是在处分程序上也要严格遵循法律法规的规定，也即贴现业务应当而且必须前往具有法定资质的金融机构进行，切不可私下相信民间机构的承诺。

法律依据

《全国法院民商事审判工作会议纪要》（法〔2019〕254号）

101.【民间贴现行为的效力】票据贴现属于国家特许经营业务，合法持票人向不具有法定贴现资质的当事人进行"贴现"的，该行为应当认定无效，贴现款和票据应当相互返还。当事人不能返还票据的，原合法持票人可以拒绝返还贴现款。人民法院在民商事案件审理过程中，发现不具有法定资质的当事人以"贴现"为业的，因该行为涉嫌犯罪，应当将有关材料移送公安机关。民商事案件的审理必须以相关刑事案件的审理结果为依据的，应当中止诉讼，待刑事案件审结后，再恢复案件的审理。案件的基本事实无须以相关刑事案件的审理结果为依据的，人民法院应当继续审理。

根据票据行为无因性原理，在合法持票人向不具有贴现资质的主体进行"贴现"，该"贴现"人给付贴现款后直接将票据交付其后手，其后手支付对价并记载自己为被背书人后，又基于真实的交易关系和债权债务关系将票据进行背书转让的情形下，应当认定最后持票人为合法持票人。

第五章　人事管理

38 未及时与劳动者签订书面劳动合同，不合规

现实案例

甲公司准备招聘几名车间员工和两名办公室行政人员。最先来参加面试的是张某，应聘办公室文员。甲公司办公室经理与人力资源部门对张某进行面试后，通知张某次日上班，并办理了相关手续。第二天，张某来上班，还没来得及签订劳动合同就被办公室经理领走上岗工作了。人力资源部门便打算等其他岗位招聘到员工时再一起与张某办理劳动合同签订等事宜。结果，一直到张某上班两个月后才签订劳动合同。

划重点

虽然甲公司与张某签订了劳动合同，但签订劳动合同的时间超过了一个月期限。这种做法不合规。

律师分析

劳动合同是劳动者和用人单位之间关于确立、变更和终止劳动权利和义务的协议，又叫劳动契约、劳动协议。劳动合同的内容是劳动合同中所确定的双方当事人的权利和义务，既对劳动者进行约束，又规定用人单位的权利和义务。在实践中，用人单位因为内部管理的原因，比如说等员工过了试用期以后再签订劳动合同，或是担心员工干不长久而选择延迟超过一个月，甚至超过一年才与劳动者签订劳动合同，这些行为都是不合规的。

劳动合同是保护劳动者合法权益的最基本最重要的形式，对于用人单位来说，与劳动者签订劳动合同是其法定义务，而且签订劳动合同也可以保护用人单位的相关权益。建立劳动关系应当签订劳动合同。根据我国《劳动合同法》第十条的规定，签订劳动合同的时间可以是用工之前，也可以是用工之时，最晚是劳动者参加工作后的一个月内，这一个月的时间是法律给用人单位的宽限期。有的用人单位为了防止员工流动，甚至规定超过一年或是两年以后再与员工签订正式劳动合同，但是《劳动合同法》第十四条第三款和《劳动合同法实施条例》第七条都规定，用人单位超过一年不与劳动者订立书面劳动合同的，视为用人单位与劳动者已订立无固定期限劳动合同。也就是说，由于用人单位未及时与劳动者签订书面劳动合同，双方之间从固定期限劳动合同转化为了无固定期限劳动合同。

在本案例中，甲公司与张某建立劳动关系后，公司并未及时与张某签订劳动合同，而是在张某入职上班后两个月才签订劳动合同，这是不符合上述法律规定的。如果张某因甲公司未在一个月内签订劳动合同而向劳动人事争议调解仲裁委员会提出仲裁，那么甲公司可能就面临赔偿张某双倍工资的后果。

律师提示

用人单位不及时与劳动者签订劳动合同或是逃避与劳动者签订劳动合同的法定义务，是需要承担相应后果的。《劳动合同法》第八十二条和《劳动合同法实施条例》第六条规定，劳动者入职一个月后，用人单位未与劳动者签订劳动合同的，那么用人单位就要向劳动者支付双倍工资，双倍工资最长计算十一个月，即从劳动者入职第二个月开始计算至第十二个月。如果中间签订了劳动合同，那么双倍工资计算至签订劳动合同之日。如果超过一年还不签订劳动合同，用人单位与劳动者之间就成立了无固定期限劳动合同。当然，为了保护用人单位的权益，防止劳动者恶意不签订劳动合同，《劳动合同法实施条例》第六条规定，如果用人单位与劳动者签订劳动合同，但是劳动者不同意，那么用人单位应当书面通知劳动者终止劳动关系，但是用人单位仍需要支付经济补偿金。因此，用人单位在用工时一定要及时与劳动者签订劳动合同。现在有很多劳动者就是利用用人单位的管理漏洞，然后通过劳动仲裁等法律途径获得双倍工资或是经济补偿金的。只有用人单位按照劳动法等相关法律规定规范管理，才能避免企业损失。

法律依据

《中华人民共和国劳动合同法》

第十条　【订立书面劳动合同】建立劳动关系，应当订立书面劳动合同。

已建立劳动关系，未同时订立书面劳动合同的，应当自用工之日起一个月内订立书面劳动合同。

用人单位与劳动者在用工前订立劳动合同的，劳动关系自用工之日起建立。

第十四条第三款　用人单位自用工之日起满一年不与劳动者订立书面劳动合同的，视为用人单位与劳动者已订立无固定期限劳动合同。

第八十二条　【不订立书面劳动合同的法律责任】用人单位自用工之日起超过一个月不满一年未与劳动者订立书面劳动合同的，应当向劳动者每月支付二倍的工资。

用人单位违反本法规定不与劳动者订立无固定期限劳动合同的，自应当订立无固定期限劳动合同之日起向劳动者每月支付二倍的工资。

《中华人民共和国劳动合同法实施条例》

第六条　用人单位自用工之日起超过一个月不满一年未与劳动者订立书面劳动合同的，应当依照劳动合同法第八十二条的规定向劳动者每月支付两倍的工资，并与劳动者补订书面劳动合同；劳动者不与用人单位订立书面劳动合同的，用人单位应当书面通知劳动者终止劳动关系，并依照劳动合同法第四十七条的规定支付经济补偿。

前款规定的用人单位向劳动者每月支付两倍工资的起算时间为用工之日起满一个月的次日，截止时间为补订书面劳动合同的前一日。

第七条　用人单位自用工之日起满一年未与劳动者订立书面劳动合同的，自用工之日起满一个月的次日至满一年的前一日应当依照劳动合同法第八十二条的规定向劳动者每月支付两倍的工资，并视为自用工之日起满一年的当日已经与劳动者订立无固定期限劳动合同，应当立即与劳动者补订书面劳动合同。

39 招聘时要求女职工一年内不得怀孕生子，不合规

现实案例

某咨询公司受市场因素影响，停工 3 个月。3 个月后，咨询公司再次召集员工上班的时候，财务人员小孙却提出了离职。小孙离职的原因是，她怀孕了，需要在家休养。总经理章某接受了小孙的离职请求，并且要求人事专员立即招聘一个新财务，还特别要求在招聘条件中加入一条硬性规定，即"女职工入职一年内不得怀孕生子"。无论应聘者多么优秀，不满足这一硬性规定的，一律不予录用。新人小李虽然工作经验不足，但在应聘中她主动承诺自己近两年都没有生孩子的计划，会专注工作，便成功入职财务岗。

划重点

虽然女职工在孕产期会不同程度地影响工作进度，但公司要求入职者承诺"一定期限内不怀孕生子"的做法不合规。

律师分析

虽然当前国家开放了三孩政策，但是很多就业女性对于二胎、三胎还是比较谨慎的。这其中，影响因素有很多，女职工怀孕生子后的就业保障问题就是其一。男女平等的原则指导企业予以女职工同样的就业权，不能因为女性结婚生子而缩水，但是，企业为了节省人力物力成本，往往会优先聘用男性职工或是要求女职工延迟生育计划。因此，有很多女性职工为了博得职场上的一席之地，不得不主动延迟怀孕计划。这着实让企业减负不少，但事实上，这与利好我国当前的人口政策与践行男女劳动平等的原则都是相悖的。

在我国，备孕、待产的女性拥有平等就业权，劳动者的承诺不会发生任何法律效力。根据《劳动法》第三条第一款的规定，劳动者享有平等就业和选择职业的权利。《妇女权益保障法》第二十三条规定，各单位在录用女职工时，签订

劳动合同或者服务协议中不得规定限制女职工结婚、生育的内容。据此可知，为女性劳动者提供平等的就业岗位是用人单位的法定义务。无论如何，用人单位都应当一视同仁，"结不结婚、生不生育、何时结婚、何时生育"等不得通过双方约定、单方承诺来排除。

在本案例中，公司违规设定录用条件，要求员工在入职一年内不得怀孕生子，该规定无法律效力，如李某或公司其他女职工进入孕产期的，公司仍应为其提供产假、工资等待遇政策，否则，公司将承担相应的法律责任。

律师提示

为女职工提供平等的就业机会是用人单位的一项法定义务。现实生活中，通过双方约定或单方承诺的方式设定女性就业的硬性条件的单位不在少数，为了规制此行为，《劳动法》第九十五条，《妇女权益保障法》第五十七条第三款规定了相应的法律责任。即对用人单位侵害劳动者婚姻家庭权益的行为，由劳动行政部门责令其改正，并处以罚款。此外，女职工可以依据《女职工劳动保护特别规定》第十四条的规定，以投诉、举报、申诉、仲裁、诉讼的方式维权。劳动者自行作出的权益受损的承诺无效，单位规定的禁止生育的约定也无效。企业给运营成本"减负"的这些妙招儿，实际上都是害人害己的损招儿，减负没成功，还会招致罚款、投诉、起诉。

法律依据

《中华人民共和国劳动法》

第三条第一款 劳动者享有平等就业和选择职业的权利、取得劳动报酬的权利、休息休假的权利、获得劳动安全卫生保护的权利、接受职业技能培训的权利、享受社会保险和福利的权利、提请劳动争议处理的权利以及法律规定的其他劳动权利。

第九十五条 用人单位违反本法对女职工和未成年工的保护规定，侵害其合法权益的，由劳动行政部门责令改正，处以罚款；对女职工或者未成年工造成损害的，应当承担赔偿责任。

《中华人民共和国妇女权益保障法》

第二十三条 各单位在录用职工时，除不适合妇女的工种或者岗位外，不得以性别为由拒绝录用妇女或者提高对妇女的录用标准。

各单位在录用女职工时，应当依法与其签订劳动（聘用）合同或者服务协议，劳动（聘用）合同或者服务协议中不得规定限制女职工结婚、生育的内容。

禁止录用未满十六周岁的女性未成年人，国家另有规定的除外。

第五十七条第三款 违反本法规定，侵害妇女文化教育权益、劳动和社会保障权益、人身和财产权益以及婚姻家庭权益的，由其所在单位、主管部门或者上级机关责令改正，直接负责的主管人员和其他直接责任人员属于国家工作人员的，由其所在单位或者上级机关依法给予行政处分。

《女职工劳动保护特别规定》

第十四条 用人单位违反本规定，侵害女职工合法权益的，女职工可以依法投诉、举报、申诉，依法向劳动人事争议调解仲裁机构申请调解仲裁，对仲裁裁决不服的，依法向人民法院提起诉讼。

40 先签订试用期劳动合同，正式入职后再签订劳动合同，不合规

现实案例

某公司招聘了一名现金会计李某。李某办理入职手续时，公司 HR 先给李某拿出了一份《试用期劳动合同》，合同约定的工作时间为两个月，主要内容为试用期工资、工作岗位、试用期内或是试用期满不合格解除合同等。HR 告诉李某，现在是试用期入职，先签订《试用期劳动合同》，如果试用期满后被公司留用，公司会与李某签订不少于两年的固定期限劳动合同。李某欣然签订了该份《试用期劳动合同》。两个月后，公司又与李某签订了正式的劳动合同，约定的期限是从转正之日起两年。

划重点

不论劳动者是否自愿签订《试用期劳动合同》，用人单位先签订试用期劳动合同，后签订劳动合同的行为都是不合规的。

律师分析

试用期合同是指用人单位与应聘者在确立正式的、长期的劳动关系之前签订的，适合双方的约束制度或条件申明文书。实践中，很多用人单位认为试用期就是试用，可以不签订劳动合同，试用期满后合适就签，不合适就把人直接赶走。因此，很多用人单位都选择与劳动者先签订试用期劳动合同，试用期满之后再签订正式的劳动合同，更有甚者签订试用期劳动合同后，待员工转正后也不再签订正式的劳动合同。殊不知，这些行为都是违反劳动法等相关法律规定的，都是不合规的。

劳动合同是规定用人单位和劳动者双方之间权利和义务的重要法律文书，是双方发生劳动争议后的重要法律凭证，因此，签订劳动合同也成了法律规定中的重要内容之一。根据我国《劳动合同法》第十条第一款的规定，建立劳动关系应当签订劳动合同。也就是说，只要建立劳动关系，就要签订劳动合同。建立劳动关系是指劳动者加入用人单位，成为该单位的一员，并参加单位的生产劳动，遵守单位内部的劳动规则。通俗来说，就是劳动者到用人单位上班之日起就是建立劳动关系之时。那么，根据上述法律规定，劳动者到用人单位上班之时就应该签订正式的劳动合同，而非试用期劳动合同。而且，根据《劳动合同法》第十九条第二款、第四款的规定，同一用人单位与同一劳动者只能约定一次试用期；试用期包含在劳动合同期限内。也就是说，试用期应当是劳动合同期限的一部分，但是有的用人单位先签试用期合同后签劳动合同的，就会把试用期部分剔除在外，这明显是违反《劳动法》的行为。况且，《劳动合同法》第十条第二款规定了最晚与劳动者签订劳动合同的时间，即劳动者上班一个月内。只要在一个月内签订劳动合同就不属于违法，如果用人单位跟劳动者约定的试用期超过一个月，再签订劳动合同也是不合规的。

本案例中，某公司与李某建立劳动关系后，公司先与李某签订试用期合同，待李某通过试用期后又签订了正式的劳动合同，劳动合同的期限就是转正之日起2年，这明显是将试用期单独计算在劳动合同之外了，是不符合法律规定的。即便公司与李某签订正式劳动合同时将试用期包含在其中，但是公司在两个月后才与李某签订正式的劳动合同，不仅违反了法律强制性规定，公司还有可能面临赔偿李某双倍工资的法律后果。

律师提示

用人单位不按照法律规定与劳动者签订劳动合同，势必会面临相应的处罚。根据《劳动合同法》第十九条第四款的规定，劳动合同仅约定试用期的，试用期不成立，该期限为劳动合同期限。也就是说，如果试用期满后没有签订劳动合同，或是没来得及签订劳动合同，员工就直接向劳动人事争议调解仲裁委员会提起仲裁，那么试用期劳动合同就可能直接变成了劳动合同，试用期劳动合同中约定的期限就变成了劳动合同的期限。而如果用人单位与劳动者签订劳动合同的期限超出劳动者入职一个月以上，那么根据《劳动合同法》第八十二条规定和《劳动合同法实施条例》第六条的规定，用人单位就要向劳动者支付双倍工资。用人单位在用工时，务必按时签订劳动合同。签订试用期劳动合同并没有什么实际意义，因为在劳动合同中可以约定试用期期限，并约定试用期内劳动者不符合录用条件的，用人单位可以解除劳动关系，这样也无须承担双倍工资或经济补偿金。

法律依据

《中华人民共和国劳动合同法》

第十条 【订立书面劳动合同】建立劳动关系，应当订立书面劳动合同。

已建立劳动关系，未同时订立书面劳动合同的，应当自用工之日起一个月内订立书面劳动合同。

用人单位与劳动者在用工前订立劳动合同的，劳动关系自用工之日起建立。

第十九条 ……

同一用人单位与同一劳动者只能约定一次试用期。

……

试用期包含在劳动合同期限内。劳动合同仅约定试用期的,试用期不成立,该期限为劳动合同期限。

第八十二条 【不订立书面劳动合同的法律责任】用人单位自用工之日起超过一个月不满一年未与劳动者订立书面劳动合同的,应当向劳动者每月支付二倍的工资。

用人单位违反本法规定不与劳动者订立无固定期限劳动合同的,自应当订立无固定期限劳动合同之日起向劳动者每月支付二倍的工资。

41 一年期劳动合同约定3个月的试用期,不合规

现实案例

某公司因为厂区扩建,急需招聘1名电工。某天,电工武某来到公司应聘。公司人力资源部门的经理与生产部门的经理对武某进行面试。在面试现场,他们核实了武某的电工证、工作经验及基本技能,并当场决定聘用武某。人力资源部门经理考虑到,电工是一个技术岗位,短时间的试用期可能无法确定应聘者是否适应岗位要求。而且,武某要是在试用期内不符合岗位要求,企业不仅可以解除劳动合同,还不用担负经济补偿金。于是,该公司人力资源经理就与武某约定试用期为3个月,双方签订了为期1年的固定期限劳动合同。

划重点

企业与劳动者签订劳动合同时约定过长的试用期,是不合规的。

律师分析

试用期是指用人单位和劳动者建立劳动关系后,为相互了解、选择而约定的不超过6个月的考察期。试用期不但是用人单位对劳动者的实际工作能力、身体情况、劳动态度等综合情况进一步考察的时间期限,也是劳动者对用人单位是否

符合自己的择业要求、期望的考察期限,这是用人单位与劳动者双方进行双向选择的一段考察期。有的用人单位考虑到试用期内如果员工不适合岗位可以解除合同且不承担违约金,有的单位则考虑试用期工资成本低,都会选择较长的试用期,认为这样可以给单位带来很多方面的便利,但是确定较短的合同时间而拉长试用期的行为是不合规的。

试用期的本质在于为劳动者和用人单位双方提供一个双向的"考察期",以便双方决定是否建立长久的劳动关系。试用期的期限是受国家严格保护的,并不是双方随意确定的。根据我国《劳动法》第二十一条的规定,试用期最长不能超过6个月。也就是说,试用期最长的时间就是6个月。《劳动合同法》第十九条第一款对于试用期规定得就更加明确清晰了,即劳动合同期限3个月以上不满1年的,试用期不得超过1个月;劳动合同期限1年以上不满3年的,试用期不得超过2个月;3年以上固定期限和无固定期限的劳动合同,试用期不得超过6个月。试用期虽然是劳动者与用人单位协商确定的,但因为试用期内与试用期通过后的工资待遇等方面还是有差距的,因此国家出于保护劳动者利益的角度考虑,用法律强制性规定的形式确定了试用期期限的保护制度,用人单位在与劳动者订立劳动合同约定试用期时务必遵守上述法律规定,否则就可能面临经济赔偿。

在本案例中,某公司与武某建立劳动关系,双方约定劳动合同期限为1年,那么根据上述法律规定,公司与武某约定的试用期最长不能超过2个月,但其却与武某约定了3个月的试用期。公司的行为是不合规的,如果武某拿着法律武器保护自己,那么公司就要承担经济赔偿了。

律师提示

不论用人单位出于何种目的,也不论员工是否自愿签订试用期过长的劳动合同,用人单位的行为都是违反法律规定的,是需要承担相应法律后果的。根据《劳动合同法》第八十三条的规定,如果用人单位违反了《劳动合同法》第十九条第一款规定,确定的试用期过长,首先由劳动行政部门责令改正。其次,就是由用人单位以劳动者试用期满月工资为标准,按已经履行的超过法定试用期的期间向劳动者支付赔偿金。也就是说,如果劳动者实际履行的试用期超过了法定的最高时限时，那么用人单位要按照试用期全月满勤的整月工资标准乘以超过法定最高期限的时间去支付劳动者赔偿金。当然，赔偿金并不能代替劳动者的正常报酬，用人单位还应按照转正后的工资标准支付劳动者超过法定最高时限的工资。因此，用人单位在用工期间，对于试用期要从严把握，不要随意延长试用期期限，否则赔偿金等损失要远远大于试用期节省下来的用工成本。

法律依据

《中华人民共和国劳动法》

第二十一条 劳动合同可以约定试用期。试用期最长不得超过六个月。

《中华人民共和国劳动合同法》

第十九条第一款 【试用期】劳动合同期限三个月以上不满一年的，试用期不得超过一个月；劳动合同期限一年以上不满三年的，试用期不得超过二个月；三年以上固定期限和无固定期限的劳动合同，试用期不得超过六个月。

第八十三条 【违法约定试用期的法律责任】用人单位违反本法规定与劳动者约定试用期的，由劳动行政部门责令改正；违法约定的试用期已经履行的，由用人单位以劳动者试用期满月工资为标准，按已经履行的超过法定试用期的期间向劳动者支付赔偿金。

42 让劳动者缴纳保证金，不合规

现实案例

某机械公司车间工人流动性很大，工人的辞职方式也非常随意。有的人只和部门经理说一声辞职就不再来上班；有的人甚至什么都不说就直接离职。这导致车间生产受到一定的影响。王某在未办理离职手续的情况下擅自离职。离开公司一段时间后，却以公司辞退为由向仲裁部门提起仲裁，要求公司向其支付经济补偿金。为了应对上述问题，该机械公司人力资源部门经过内部商议后，决定对应聘车间工人的人员采用缴纳保证金制度，即员工在入职时缴纳1000元保证金，当员工办理离职手续时，公司会一次性全额退还1000元保证金。

划重点

虽然公司在员工离职时全额退还保证金，但公司的做法仍然不合规。

律师分析

用人单位招用劳动者时，出于种种目的，如为了防止劳动者在工作中对单位造成经济损失，或是为了防止劳动者不辞而别影响单位工作进度，往往会采取收取劳动者保证金或是扣留劳动者证件的手段，但这些行为都是违反劳动法相关规定的，是不合规的。

根据《劳动合同法》第九条的规定，用人单位不得扣押劳动者居民身份证和其他证件，也不得要求劳动者提供担保或是收取劳动者财物。虽然劳动者与用人单位之间存在一定的人身依附性，且存在管理与被管理的关系，但是劳动合同法强调的是劳动者与用人单位之间遵循平等自愿、协商一致的原则，因此用人单位无权扣留劳动者证件或是收取保证金。如果用人单位违反上述法律规定，会面临相应的法律后果。根据《劳动合同法》第八十四条第一款、第二款的规定，用人单位扣押劳动者证件的，由劳动行政部门责令返还给劳动者，并依照《居民身份证法》第十六条第三项的规定受到公安机关警告、200元以下罚款的处罚；用人单位收取劳动者财物的，由劳动行政部门责令返还给劳动者，并以每人500元以上2000元以下的标准处以罚款。

本案例中，该机械公司为了防止工人随意离职或是恶意仲裁等事件的发生，制定了收取保证金的制度。虽然公司承诺在员工离职时会全额退还保证金，并没有从中渔利，对公司来说仅仅是一个保障，但是该行为违反了上述法律规定，是不可取的。一经查处，公司必然受到相应的处罚。

律师提示

用人单位对于劳动合同法上明确禁止的行为要予以重视，否则制约劳动者的目的没有实现，反而使自身面临行政处罚。企业想避免工人离职不办理相关手续的情况，可以通过打电话录音留存证据的形式固定员工自动离职的事实，也可以采取及时邮寄到岗通知和旷工解除劳动合同通知书等文书来确定员工离职事实，但是切不可实施违反劳动合同法强制规定的行为。

法律依据

《中华人民共和国劳动合同法》

第九条 【用人单位不得扣押劳动者证件和要求提供担保】用人单位招用劳动者，不得扣押劳动者的居民身份证和其他证件，不得要求劳动者提供担保或者以其他名义向劳动者收取财物。

第八十四条 【扣押劳动者身份等证件的法律责任】用人单位违反本法规定，扣押劳动者居民身份证等证件的，由劳动行政部门责令限期退还劳动者本人，并依照有关法律规定给予处罚。

用人单位违反本法规定，以担保或者其他名义向劳动者收取财物的，由劳动行政部门责令限期退还劳动者本人，并以每人五百元以上二千元以下的标准处以罚款；给劳动者造成损害的，应当承担赔偿责任。

劳动者依法解除或者终止劳动合同，用人单位扣押劳动者档案或者其他物品的，依照前款规定处罚。

《中华人民共和国居民身份证法》

第十六条 有下列行为之一的，由公安机关给予警告，并处二百元以下罚款，有违法所得的，没收违法所得：

……

（三）非法扣押他人居民身份证的。

43 以招"学徒"的名义免费用工，不合规

现实案例

某公司车间原有 10 名技术工种的工人。因近期订单较多，公司为提高生产

效率欲招聘几名临时工,主要负责辅助技术工种的工作。但是,该公司的总经理既想招聘员工又不想增加用工成本。于是,公司人力资源部门就提出一个方案,即从技校招聘毕业生,将其作为"学徒"。公司以到岗学习、实践机器设备使用和维修等条件吸引毕业生。这样就可以以雇用"学徒"的方式免费用工。该公司经理非常认同此方案。人力资源部门迅速实施,以"学徒"名义招聘了5名毕业生到车间从事相关工作。

划重点

企业以"学徒"方式免费用工是不合规的。

律师分析

"学徒工"是一个传统概念。以前在一些技术性岗位、美容美发、车辆维修等实施"师傅带徒弟"的做法,"学徒工"跟着师傅学习技能,但没有工资。实际上,"学徒工"并不是法律名词,而且随着劳动法、劳动合同法等相关法律规定的实施,人们也都意识到"学徒工"这类人群也是法律规定的劳动者的一员,他们提供正常的劳动,就应该得到相应的劳动报酬和待遇。因此,现在以"学徒"方式免费用工是不合法的。

我国《劳动法》第三条和《劳动合同法》第三十条第一款均规定,劳动者有获得足额劳动报酬的权利。对于用人单位来说,向付出劳动的劳动者支付劳动报酬是其法定义务。而且对于劳动报酬的最低限额,法律也是有明确规定的,其中《劳动合同法》第二十条规定,试用期工资不得低于本单位同岗位最低档工资或是不低于劳动合同约定的劳动报酬的80%,同时不能低于最低工资标准。也就是说,试用期满后的工资不得低于当地最低工资标准。用人单位可以对招用的工人约定试用期,以确定其是否适合岗位需要,但必须支付劳动者试用期工资。

在本案例中,该公司利用"学徒"的名义免费用工,已经违反了上述法律规定,其行为是不合规的。该公司招聘的5名毕业生在工作中付出了劳动,该公司也因为他们的劳动受益,就应该依法支付他们不低于当地最低工资标准的工资。

律师提示

用人单位如果不能足额支付劳动报酬或是低于法定工资标准的，根据《劳动合同法》第三十八条第二项，第四十六条第一项，第八十五条第一项、第二项的规定，用人单位面临着向劳动者支付经济补偿金、工资差额、赔偿金等赔偿。

法律依据

《中华人民共和国劳动法》

第三条第一款　劳动者享有平等就业和选择职业的权利、取得劳动报酬的权利、休息休假的权利、获得劳动安全卫生保护的权利、接受职业技能培训的权利、享受社会保险和福利的权利、提请劳动争议处理的权利以及法律规定的其他劳动权利。

《中华人民共和国劳动合同法》

第二十条　【试用期工资】劳动者在试用期的工资不得低于本单位相同岗位最低档工资或者劳动合同约定工资的百分之八十，并不得低于用人单位所在地的最低工资标准。

第三十条第一款　【劳动报酬】用人单位应当按照劳动合同约定和国家规定，向劳动者及时足额支付劳动报酬。

第三十八条　【劳动者单方解除劳动合同】用人单位有下列情形之一的，劳动者可以解除劳动合同：

……

（二）未及时足额支付劳动报酬的；

……

第四十六条　【经济补偿】有下列情形之一的，用人单位应当向劳动者支付经济补偿：

（一）劳动者依照本法第三十八条规定解除劳动合同的；

……

第八十五条　【未依法支付劳动报酬、经济补偿等的法律责任】用人单位有下列情形之一的，由劳动行政部门责令限期支付劳动报酬、加班费或者经济补偿；劳动报酬低于当地最低工资标准的，应当支付其差额部分；逾期不支付的，责令用人单位按应付金额百分之五十以上百分之一百以下的标准向劳动者加付赔偿金：

（一）未按照劳动合同的约定或者国家规定及时足额支付劳动者劳动报酬的；

（二）低于当地最低工资标准支付劳动者工资的；

……

44 应劳动者要求而不为其办理社会保险手续，不合规

现实案例

某公司招聘了一名司机梁某。公司为其办理了入职手续，签订了劳动合同，并准备为其办理社会保险登记手续。梁某找到人力资源部门经理表示，因为家庭生活困难，不想办理社会保险，希望公司将单位应缴纳的社保部分与扣留自己应缴纳的社保部分均发放到工资里。公司考虑到梁某的实际情况，而且认为梁某自己主动提出放弃办理社会保险手续，公司也实际向梁某支付了社保费用，公司这样做不违规，就同意了梁某的意见。

划重点

虽然用人单位是按照劳动者的申请没有为其办理社会保险相关手续，但是用人单位的行为也是违规的。

律师分析

参加社会保险和享受社会保险待遇是劳动者的重要合法权益，为劳动者及时办理社会保险登记手续和及时足额缴纳社会保险费是用人单位的法定义务。在实践中，有很多劳动者为了多得劳动报酬，会向公司申请不办理社会保险手续，而是将社保费用直接发放到工资里，但是不论是否是劳动者自愿，用人单位不为劳

动者办理社会保险手续都是不合规的。

根据我国《社会保险法》第五十八条第一款的规定，劳动者到用人单位工作后，应由用人单位在公司名下为新入职的劳动者办理社会保险登记，办理时间不得晚于用人单位用工之日起三十日内。《劳动法》第七十二条规定，用人单位应为劳动者缴纳社会保险费用。缴纳社会保险费用的前提是要为劳动者办理相关的社会保险手续，这都是用人单位的法定义务，是不可推卸的责任。如果用人单位未按照上述规定办理，就面临行政处罚和向劳动者支付经济补偿金的法律后果。《社会保险法》第八十四条规定，如用人单位未给劳动者办理社会保险登记手续的，由社会保险行政部门责令限期改正，如不改正的，按应缴社会保险费数额一倍以上三倍以下罚款，并对公司的直接管理人员等人处以罚款。另根据《劳动合同法》第三十八条第三项、第四十六条第一项的规定，用人单位不为劳动者缴纳社会保险费用的，劳动者可以单方解除劳动合同，并要求单位承担经济补偿金。

本案例中，梁某虽然是自愿、主动请求公司不为其办理社保登记手续，并申请将社会保险费用以工资形式发放给自己，但公司未给梁某办理社保手续的行为已经违反了上述法律规定，一经查处，就会面临责令改正、罚款等行政处罚。

律师提示

用人单位在实际用工过程中，有可能会遇到梁某这样的员工，有的用人单位要求劳动者自己书写放弃声明或是不办理社会保险的申请书等书面文件，但这些文件是属于违反国家强制性、禁止性规定的，均是无效的，用人单位并不能因书面文件而免责。因此，用人单位在用工过程中要及时为员工办理社会保险手续，并足额缴纳社会保险费用，以免遭受不必要的损失。

法律依据

《中华人民共和国劳动法》

第七十二条 社会保险基金按照保险类型确定资金来源，逐步实行社会统筹。用人单位和劳动者必须依法参加社会保险，缴纳社会保险费。

第一百条 用人单位无故不缴纳社会保险费的，由劳动行政部门责令其限期缴纳；逾期不缴的，可以加收滞纳金。

《中华人民共和国劳动合同法》

第三十八条　【劳动者单方解除劳动合同】用人单位有下列情形之一的，劳动者可以解除劳动合同：

……

（三）未依法为劳动者缴纳社会保险费的；

……

第四十六条　【经济补偿】有下列情形之一的，用人单位应当向劳动者支付经济补偿：

（一）劳动者依照本法第三十八条规定解除劳动合同的；

……

《中华人民共和国社会保险法》

第五十八条第一款　用人单位应当自用工之日起三十日内为其职工向社会保险经办机构申请办理社会保险登记。未办理社会保险登记的，由社会保险经办机构核定其应当缴纳的社会保险费。

第八十四条　用人单位不办理社会保险登记的，由社会保险行政部门责令限期改正；逾期不改正的，对用人单位处应缴社会保险费数额一倍以上三倍以下的罚款，对其直接负责的主管人员和其他直接责任人员处五百元以上三千元以下的罚款。

45 与在医疗期内的员工解除劳动合同，不合规

现实案例

甲公司招聘了大学毕业生何某从事采购工作，双方签订了为期 5 年的固定期限劳动合同。何某在甲公司工作 3 年后，某个周末出行时发生了交通事故，造成腿部严重损伤。何某为治疗伤情只能向公司请假，并向公司申请享受医疗期待遇。甲公司了解到何某的腿部伤情严重，恢复期比较长，而且即便治疗终结后也

可能会造成行走困难。考虑到何某在短时间内无法正常到岗工作，公司却还要给其发放医疗期工资，甲公司最终决定与刚发生交通事故的何某解除劳动关系，重新招聘采购员。

划重点

用人单位与医疗期内的劳动者解除劳动合同是不合规的。

律师分析

医疗期是指企业职工因患病或非因工负伤停止工作治病休息不得解除劳动合同的时限。实践中，很多用人单位在劳动者患病或是非因工负伤时，为了节省用工成本，不想负担员工医疗期工资，都会选择与劳动者解除劳动关系，但用人单位的这种行为是违反劳动法等法律法规的。

医疗期是保护劳动者在患病的情况下，在一定期间内可以休息不用提供劳动，但享有基本经济保障，且限制解雇的一种劳动基准法律制度，当劳动者身体恢复后可以重回工作岗位。我国《劳动法》第二十九条第二项和《劳动合同法》第四十二条第三项规定，用人单位不得与在规定的医疗期内的劳动者解除劳动合同。"规定的医疗期"主要体现在《劳动部关于发布〈企业职工患病或非因工负伤医疗期规定〉的通知》第三条、第四条，其中第三条中规定，医疗期的长短是通过本人实际参加工作年限和在本单位工作年限进行综合确定的，并明确了医疗期期间具体的计算标准，该法第四条则规定了医疗期如何进行累计计算。

本案例中，何某大学一毕业就到甲公司工作，双方签订的是为期5年的劳动合同，其实际在甲公司工作的年限为3年。根据上述法律规定，何某应享有3个月的医疗期，甲公司在何某刚出事故时就决定与其解除劳动关系，即属于与医疗期内劳动者解除劳动关系的情形，这是违反法律强制性规定的行为，是不合规的。

律师提示

医疗期是一段"解雇保护期"，其主要目的在于保障劳动者不因伤病接受治疗而失去工作。如用人单位强行与医疗期内的劳动者解除劳动合同，必然面临相应的法律后果。《劳动合同法》第四十八条、第八十七条规定，用人单位在劳动者医疗期内擅自解除劳动关系，如劳动者要求继续履行合同，则用人单位应当继续履行；如劳动者不要求履行劳动合同或是劳动合同无法继续履行的，那么用人单位就应当按照经济补偿金标准的二倍向劳动者支付赔偿金。

法律依据

《中华人民共和国劳动法》

第二十九条 劳动者有下列情形之一的，用人单位不得依据本法第二十六条、第二十七条的规定解除劳动合同：

……

（二）患病或者负伤，在规定的医疗期内的；

……

《中华人民共和国劳动合同法》

第四十二条 【用人单位不得解除劳动合同的情形】劳动者有下列情形之一的，用人单位不得依照本法第四十条、第四十一条的规定解除劳动合同：

……

（三）患病或者非因工负伤，在规定的医疗期内的；

……

第四十八条 【违法解除或者终止劳动合同的法律后果】用人单位违反本法规定解除或者终止劳动合同，劳动者要求继续履行劳动合同的，用人单位应当继续履行；劳动者不要求继续履行劳动合同或者劳动合同已经不能继续履行的，用人单位应当依照本法第八十七条规定支付赔偿金。

第八十七条 【违反解除或者终止劳动合同的法律责任】用人单位违反本法规定解除或者终止劳动合同的，应当依照本法第四十七条规定的经济补偿标准的二倍向劳动者支付赔偿金。

《劳动部关于发布〈企业职工患病或非因工负伤医疗期规定〉的通知》

第三条 企业职工因患病或非因工负伤，需要停止工作医疗时，根据本人实际参加工作年限和在本单位工作年限，给予三个月到二十四个月的医疗期：

（一）实际工作年限十年以下的，在本单位工作年限五年以下的为三个月；五年以上的为六个月。

（二）实际工作年限十年以上的，在本单位工作年限五年以下的为六个月；五年以上十年以下的为九个月；十年以上十五年以下的为十二个月；十五年以上二十年以下的为十八个月；二十年以上的为二十四个月。

第四条 医疗期三个月的按六个月内累计病休时间计算；六个月的按十二个月内累计病休时间计算；九个月的按十五个月内累计病休时间计算；十二个月的按十八个月内累计病休时间计算；十八个月的按二十四个月内累计病休时间计算；二十四个月的按三十个月内累计病休时间计算。

46 利用"末位淘汰制"开除员工，不合规

现实案例

某小家电公司生产的产品实用性较强，设计风格也比较新颖，投放市场后得到了很多消费者的认可。后来，这家小家电公司被一家大品牌家电公司收购。小家电公司的全部员工也随之被继续聘用。在季度会议中，人事经理提出，被收购的小家电公司原有员工普遍存在工作效率较低的问题，销售部的小齐表现最为明显，完全跟不上现在大公司的发展脚步，并建议在公司原有的绩效考核的规章制度中加上末位淘汰制度，每半年以该制度筛选优秀员工，淘汰业绩排名最差的员工。这一建议被公司管理层所认可。末位淘汰制度一经推行，员工积极性空前提高，而销售部的小齐却因业绩最差，最终被开除。

划重点

虽然业绩排名倒数第一可以反映出员工的工作能力有待提高，但最后一名不代表其不能胜任本职工作。公司搞末位淘汰制与劳动者解除劳动合同的做法不合规。

律师分析

现代企业管理中尤其重视绩效考核制度，此类制度既能激发员工工作热情，增强其工作的主动性，又有利于精减人员配置。但是，在现实中，很多考核制度过于残酷。值得一提的是，受一些企业欢迎的"末位淘汰制"。用人单位在劳动合同期限内通过此淘汰制度单方解除劳动合同，是违反法律规定的。

符合企业经营需求的管理制度，是企业长久发展不可或缺的"利器"。良好的管理制度有利于规范员工整体行为标准。但是，用人单位的管理制度必须符合法律规定，在合法的前提下制定。《劳动合同法》第二十六条规定，用人单位免除自己的法定责任、排除劳动者权利的，劳动合同中涉及该情形的条款无效。即使是排名在最后一名的员工，也有权利要求用人单位继续履行劳动合同，不能因为排名靠后就被剥夺了继续工作的权利。因此，"末位淘汰制"本身就是非法排除劳动者权利的表现，即便员工自愿遵守此类制度，也难以掩盖其制度的违法性。

本案例中，公司将业绩排名倒数第一的小齐开除，表面上是按公司规章制度办事，实则是侵害劳动者权益的违法行为，是应该承担相应法律责任的。

律师提示

用人单位开除员工应当严格按照劳动法规定的情形处理，不可擅自增加用人单位单方解除劳动关系的内部规章制度。在企业管理中，通过竞争上岗、末位淘汰等规定，实现用人单位筛选优秀员工、开除普通员工的做法不在少数，为了规制此行为，《第八次全国法院民事商事审判工作会议（民事部分）纪要》规定了相应的法律责任。即因"末位淘汰"或"竞争上岗"制度被迫解除劳动合同的，劳动者可以以用人单位违法解除劳动合同为由，请求用人单位继续履行劳动合同或者支付赔偿金。到头来，用人单位还是要为违法解除劳动关系来买单。

依据我国《劳动合同法》第四十条第二项的规定，劳动者不能胜任工作，经过培训或者调整工作岗位，仍不能胜任工作的。用人单位提前30日以书面形式通知劳动者本人或者额外支付劳动者一个月工资后，可以解除劳动合同。也就是说，如果企业要实行所谓的"末位淘汰制"，对于被淘汰下来的无法胜任本岗位工作的员工，也要进行相应的培训或者调岗，而不能直接将其开除，如果在培训或调岗后其还不能胜任，就可以依法与其解除劳动合同。

法律依据

《中华人民共和国劳动合同法》

第二十六条　【劳动合同的无效】 下列劳动合同无效或者部分无效：

……

（二）用人单位免除自己的法定责任、排除劳动者权利的；

（三）违反法律、行政法规强制性规定的。

对劳动合同的无效或者部分无效有争议的，由劳动争议仲裁机构或者人民法院确认。

第四十条　【无过失性辞退】 有下列情形之一的，用人单位提前三十日以书面形式通知劳动者本人或者额外支付劳动者一个月工资后，可以解除劳动合同：

……

（二）劳动者不能胜任工作，经过培训或者调整工作岗位，仍不能胜任工作的；

……

第四十七条第一款　【经济补偿的计算】 经济补偿按劳动者在本单位工作的年限，每满一年支付一个月工资的标准向劳动者支付。六个月以上不满一年的，按一年计算；不满六个月的，向劳动者支付半个月工资的经济补偿。

第八十七条　【违反解除或者终止劳动合同的法律责任】 用人单位违反本法规定解除或者终止劳动合同的，应当依照本法第四十七条规定的经济补偿标准的二倍向劳动者支付赔偿金。

《第八次全国法院民事商事审判工作会议（民事部分）纪要》

（四）关于劳动合同解除问题

29. 用人单位在劳动合同期限内通过"末位淘汰"或"竞争上岗"等形式单方解除劳动合同，劳动者可以用人单位违法解除劳动合同为由，请求用人单位继续履行劳动合同或者支付赔偿金。

47 未经协商程序给员工调换岗位，不合规

现实案例

某推广公司主要负责线上及线下产品的推广服务。由于受到不可抗力因素的影响，线下推广受到了极大的阻碍，公司领导层决定扩大线上推广业务份额，线下推广业务仅保留一小部分人员，其余人员全部调整到线上推广业务部门中。根据领导的指示，人事部门开始安排员工调换岗位，并安排了新的岗位技能培训。很多员工虽然也对公司突然进行的人事调整政策不满，但是为了保住自己的"饭碗"，也只能选择接受调整。

划重点

面对不可抗力因素，企业在运营方面遇到了诸多困难，不得不作出一些调整。但公司未与员工商议就调岗的做法，并不合规。

律师分析

有的企业为了化解倒闭破产的危机，不得不及时作出发展战略上的调整。但是，调整战略方向，就不可避免地需要进行人事变动。在人事调整工作中，企业往往利用优势地位，忽视与员工充分协商的环节，就直接决定岗位变动方案，这种做法是不正确的。

在我国，岗位调整属于变更劳动合同内容的表现，而变更劳动合同内容是要建立在双方协商的基础上的。根据《劳动合同法》第三十五条的规定，用人单位与劳动者协商一致，可以变更劳动合同约定的内容。变更劳动合同，应当采用书面形式。《劳动法》第十七条也有类似的规定。据此可知，劳动者有职业选择的自由，用人单位应当在与劳动者协商一致的情况下再作出岗位调整安排，不能利用优势地位强制调岗。

本案例中，推广公司人事部门径行作出的人事调整政策是违反法律规定的，

虽然员工选择了服从单位的调整政策，但是此类行为还是存在较大的仲裁或诉讼隐患。一旦有员工牵头维权，公司可能就会陷入纠纷泥潭，并有可能面临很大一笔经济赔偿。

律师提示

很多中小企业的管理者法律意识淡薄，他们往往认为"公司是我的""任何事都得听我的"，根本没有考虑到员工的主观意愿，就作出岗位调整决策，即便是出于挽救企业、保住员工"饭碗"的好意，但是未经协商的岗位调整行为也是不合法的。那么，如果依法充分协商了，但员工并不买账，那又该怎么办呢？根据《劳动合同法》第四十条的规定，劳动合同订立时所依据的客观情况发生重大变化，致使劳动合同无法履行，经用人单位与劳动者协商，未能就变更劳动合同内容达成协议的，用人单位可以提前30日以书面形式通知劳动者本人或者额外支付劳动者1个月工资后，解除劳动合同。因此，企业处理人事变动工作时，应充分与员工协商。这才是合理、合法的。先协商，再决策，这对企业百利而无一害。

法律依据

《中华人民共和国劳动合同法》

第三十五条 【劳动合同的变更】用人单位与劳动者协商一致，可以变更劳动合同约定的内容。变更劳动合同，应当采用书面形式。

变更后的劳动合同文本由用人单位和劳动者各执一份。

第四十条 【无过失性辞退】有下列情形之一的，用人单位提前三十日以书面形式通知劳动者本人或者额外支付劳动者一个月工资后，可以解除劳动合同：

……

（三）劳动合同订立时所依据的客观情况发生重大变化，致使劳动合同无法履行，经用人单位与劳动者协商，未能就变更劳动合同内容达成协议的。

《中华人民共和国劳动法》

第十七条 订立和变更劳动合同，应当遵循平等自愿、协商一致的原则，不得违反法律、行政法规的规定。

48 全额扣发员工工资以弥补员工曾给企业带来的损失，不合规

现实案例

某公司是一家专门经营机动车辆安全统筹服务的企业，内设销售部、查勘部、理赔部等部门。小郑是理赔部的一名员工。年底，小郑因任务重，考核压力大，加班过多，导致身体处于亚健康状态，工作状态较差。在处理一起营运货车致第三方受伤的理赔案件时，小郑未能及时发现营运车辆驾驶人存在醉酒的情况，便与伤者和驾驶人签订了理赔协议，给公司造成了4万元的损失。公司为了止损，决定连续扣发小郑五个月的工资，直到完全弥补这4万元的损失为止。

划重点

虽然因员工疏忽大意给单位造成损失是可以进行追责的法定情形，但是采取全额扣发员工工资的措施予以补救，这种做法仍不合规。

律师分析

企业的信誉、收益最终都需要依靠员工的劳动付出来获取，但正所谓"金无足赤，人无完人"，任何人都不可能把所有的事情都处理得妥妥当当。处于高压下的员工，面对烦琐复杂的工作内容，更是难免出些小差错。对于此类小差错，用人单位应当具有包容性，当然这个包容并非无限度的。当员工确实有严重的不当行为，且让用人单位遭受重大损失的情况下，法律是允许用人单位向员工进行追责的。现实中，"扣工资"的追责方式最为常见。但就是这最为常见的方式，却很少有企业能够做到合法合规。

在我国，劳动者有获取劳动报酬以保障基本生活的权利，这一权利不能因为给用人单位造成损失而完全丧失。根据《工资支付暂行规定》第十六条的规定，因劳动者本人原因给用人单位造成经济损失的，用人单位可按照劳动合同的约定要求其赔偿经济损失。经济损失的赔偿，可从劳动者本人的工资中扣除。但每月

扣除的部分不得超过劳动者当月工资的20%。若扣除后的剩余工资部分低于当地月最低工资标准，则按最低工资标准支付。《劳动法》第四十八条也有类似规定。据此可知，当地最低工资标准是法律的警戒线，向劳动者支付的工资不能低于这一标准；对于工资较高的劳动者来说，每月扣除工资的最大限度为工资的20%。

本案例中，统筹服务公司将员工小郑的5个月工资全部扣下，来弥补单位损失，虽然小郑本人表示认可，但依旧是违法的。

律师提示

在当前的法治环境中，不得随意克扣劳动者工资的这一准则，已被企业管理者牢记。然而，遇到法律允许扣除员工工资的法定情形，企业又因为不了解法规细节，将合法维权行为变成违法行为。对于此类违法行为，《劳动合同法》第八十五条规定了相应的法律责任：由劳动行政部门责令限期支付劳动报酬、加班费或者经济补偿；劳动报酬低于当地最低工资标准的，应当支付其差额部分；逾期不支付的，责令用人单位按应付金额50%以上100%以下的标准向劳动者加付赔偿金。此外，劳动者还可以依据《劳动合同法》第三十八条的规定，单方解除劳动合同。可以说，错误扣发员工工资来弥补用人单位损失，用人单位一点工资都没省，还多了一些赔偿金，损失反而越来越大。所以，此类行为不可取。

法律依据

《工资支付暂行规定》

第十六条 因劳动者本人原因给用人单位造成经济损失的，用人单位可按照劳动合同的约定要求其赔偿经济损失。经济损失的赔偿，可从劳动者本人的工资中扣除。但每月扣除的部分不得超过劳动者当月工资的20%。若扣除后的剩余工资部分低于当地月最低工资标准，则按最低工资标准支付。

《中华人民共和国劳动法》

第四十八条 国家实行最低工资保障制度。最低工资的具体标准由省、自治区、直辖市人民政府规定，报国务院备案。

用人单位支付劳动者的工资不得低于当地最低工资标准。

《中华人民共和国劳动合同法》

第三十八条 【劳动者单方解除劳动合同】用人单位有下列情形之一的，劳动者可以解除劳动合同：

……

（二）未及时足额支付劳动报酬的；

……

第八十五条 【未依法支付劳动报酬、经济补偿等的法律责任】用人单位有下列情形之一的，由劳动行政部门责令限期支付劳动报酬、加班费或者经济补偿；劳动报酬低于当地最低工资标准的，应当支付其差额部分；逾期不支付的，责令用人单位按应付金额百分之五十以上百分之一百以下的标准向劳动者加付赔偿金：

（一）未按照劳动合同的约定或者国家规定及时足额支付劳动者劳动报酬的；

（二）低于当地最低工资标准支付劳动者工资的；

……

49 以"产品"折价或代金券等形式发工资，不合规

现实案例

万某是本地一家大型综合商场的财务负责人。近两年，因为受到不可抗力因素影响，商场的营业额呈现大幅下降，公司资金十分紧张。作为财务负责人的万某向公司董事会汇报了公司目前的收支情况，并提出方案建议，对于未来半年的工资，建议以一半现金和一半商场代金券或者产品折价的组合形式发放。这样既可以完成工资发放，也可以达到通过代金券或者产品折价来解决积压库存的目的。

划重点

员工工资的发放必须以货币形式予以支付，不得以所谓代金券或者产品折价的形式代替，否则可能因不符合法律规定而承担相应的法律后果。

律师分析

劳动者通过付出劳动而获得相应的劳动报酬。这既是劳动者的权利，也是用人单位所应当履行的基本义务，而以货币形式支付劳动报酬则是该项基本义务履行所必需的方式。这是因为货币作为全域市场均可流通的等价交换物，可以使劳动者在使用过程中获得最大的方便。劳动者在依法获得报酬后有合法且不受约束使用的自由，而如果允许以代金券或者产品折价的形式代替，那么一来可能使得不法用人单位有可乘之机，借此变相削减、扣减工资报酬；二来也因此种代金券或者产品并不为生活所必需，员工无法通过劳动报酬保障基本生活所需。依据《劳动法》第五十条、《工资支付暂行规定》第五条的规定，工资应当以法定货币支付，不得以实物及有价证券替代货币支付。

本案例中，万某向商场提出以所谓组合形式发放工资，其中一半的工资以所谓商场代金券或者产品折价形式来代替，看似是为企业排解困难，但是这样的行为实质上严重侵害了员工的合法权益，员工可能以投诉、仲裁或者诉讼来要求企业更正，届时企业将处于不利的境地。

律师提示

企业员工是公司前进发展的基本力量和核心动力，是公司生产运营最基本的组成部分。公司应当充分尊重与保障员工的合法权益。只有这样，才能激发员工的劳动热情，员工切实履行工作职责，推动公司健康发展。即使企业在发展过程中偶尔遇有资金运转的困难，《劳动法》等相关法律也允许公司通过与职工平等协商，通过暂缓发放等形式来予以纾困解难，渡过难关，而不能以所谓代金券或者产品折价等违法形式来实现所谓的目的。

法律依据

《中华人民共和国劳动法》

第五十条 工资应当以货币形式按月支付给劳动者本人。不得克扣或者无故拖欠劳动者的工资。

《工资支付暂行规定》

第五条 工资应当以法定货币支付。不得以实物及有价证券替代货币支付。

50 因员工拒绝加班而扣发当月奖金，不合规

现实案例

赵某经营着一家理发店，为了方便顾客与提升店铺形象，便着手推出了线上预览与预约功能。预约服务开通没有多久，就迎来了"二月二，龙抬头"的日子。农历二月初二，民间一直有"理发去旧"的风俗。一些顾客通过线上预约来到赵某的理发店理发，还有大量未进行预约的顾客也来理发。来的都是客，赵某不能拒绝，况且今天又是特殊的日子，于是，他便要求所有职工今天必须加班至深夜，一直到服务完所有进店顾客为止。员工小肖因为已经和家人约好要陪孩子过生日，便拒绝了加班。结果在发工资时发现，店长赵某因为小肖没有加班的事情而扣发了她当月的全部绩效奖金。

划重点

虽然顾客是企业生存发展的基础，但是为了满足顾客的需求就变相强迫员工加班，甚至因为不加班而扣工资、扣奖金等，是严重不合规的。

律师分析

对企业而言，顾客意味着利润。"顾客就是企业的上帝"这一说法虽然有些言过其实，但是在一定程度上也能显示出顾客对企业生存发展的重要性。企业最大限度地满足消费者的需求，本来无可厚非，但是如果以损害员工合法权益为前提，通过强制加班、变相强制加班等方式来实现，就是错误的。

在我国，员工有休息休假的权利，企业如需安排员工加班，就应当严格按照《劳动法》第四十一条、第四十三条的规定，必须与员工充分协商后再实施加班

计划，且单日不能超过三个小时，不得违反《劳动法》的规定延长劳动者的工作时间。此外，对于通过降薪、扣发奖金、辞退等方式强制员工加班的行为，《劳动合同法》第三十一条专门规定，用人单位不得强迫或者变相强迫劳动者加班。当然，现实生活中总是有种种急难险重的工作任务难以等待协商加班的结果，更是无法限定在3个小时以内，如抢险救灾、供电电力设备故障等紧急且影响公众利益的情况，对此，《劳动法》第四十二条作出规定，符合本条规定情形的可以作为例外，即可以安排强制性加班，否则，用人单位无论如何都不能强制、变相强制员工进行加班。

本案例中，赵某经营的理发店在农历二月初二这一天出现客源集中暴增的情形，虽然基于尊重民俗的理由，赵某自行决定全员加班的行为有一定合理性，但是该情形并不符合《劳动法》第四十二条规定的强制加班的要求，因员工拒绝加班而扣发当月奖金的行为是违法的。一旦员工小肖依法维权，理发店将会面临法律风险。

律师提示

企业普遍追求"以人为本"，其中"人"的含义既应该包括顾客，也应该包括员工。员工是企业的生命，其重要性不容忽视，权益不容侵犯。如果仅仅是为了追逐利益最大化，企业负责人就以"大家长"的姿态直接强制安排员工加班，甚至以扣发工资、奖金等违法形式相威胁，于情于理于法都说不通。一旦员工提起仲裁、诉讼，企业最终将会落得个人财两空的结果，得不偿失。

法律依据

《中华人民共和国劳动法》

第四十一条 用人单位由于生产经营需要，经与工会和劳动者协商后可以延长工作时间，一般每日不得超过一小时；因特殊原因需要延长工作时间的，在保障劳动者身体健康的条件下延长工作时间每日不得超过三小时，但是每月不得超过三十六小时。

第四十二条 有下列情形之一的，延长工作时间不受本法第四十一条规定的限制：

（一）发生自然灾害、事故或者因其他原因，威胁劳动者生命健康和财产安全，需要紧急处理的；

（二）生产设备、交通运输线路、公共设施发生故障，影响生产和公众利益，必须及时抢修的；

（三）法律、行政法规规定的其他情形。

第四十三条　用人单位不得违反本法规定延长劳动者的工作时间。

《中华人民共和国劳动合同法》

第三十一条　【加班】用人单位应当严格执行劳动定额标准，不得强迫或者变相强迫劳动者加班。用人单位安排加班的，应当按照国家有关规定向劳动者支付加班费。

第八十五条　【未依法支付劳动报酬、经济补偿等的法律责任】用人单位有下列情形之一的，由劳动行政部门责令限期支付劳动报酬、加班费或者经济补偿；劳动报酬低于当地最低工资标准的，应当支付其差额部分；逾期不支付的，责令用人单位按应付金额百分之五十以上百分之一百以下的标准向劳动者加付赔偿金：

（一）未按照劳动合同的约定或者国家规定及时足额支付劳动者劳动报酬的；

……

51 加班一律只安排补休而不支付加班费，不合规

现实案例

近期，某机械公司接到一批机械设备加工订单，因客户急需交货，该公司为追赶进度只能选择让员工加班生产。员工不仅每天下班后需要加班，双休也改成了单休，周六都要到岗工作，就连中秋节当天也都在加班加点生产。订单交付后，正好到了发放工资的时间，该公司人力资源部门将制作的工资表交给公司经理审批。经理发现此次员工的加班费用太高，于是就决定，此次加班不论日常、周六，还是中秋节全部不支付加班费，各部门、各生产班组分批次安排员工进行

补休。人力资源部门只好按照经理的意见修改工资表。

> ## 划重点

用人单位安排员工加班后,只安排员工补休而不支付加班费用,是不合规的。

> ## 律师分析

加班,是指除法定或者国家规定的工作时间外,正常工作日延长工作时间或者双休日以及国家法定假期期间延长工作时间。实践中,很多用人单位尤其是生产性单位,为了效益经常需要安排员工加班,但是单位并不想支付加班费用,就会选择给员工以调整补休的方式弥补,但是根据法律规定,并非所有的加班都可以通过补休冲抵工资待遇。

加班主要包括三种:日常延长工作时间的加班、双休日加班和法定节假日加班。日常工作一般是八小时工作制,超过八小时以外的为加班时长。法定节假日,仅指《全国年节及纪念日放假办法》第二条规定的全体公民放假的节日。《劳动部关于职工工作时间有关问题的复函》第四条明确说明,双休日加班可以补休,补休时间等同于加班时间,但是法定节假日加班的,一般不安排补休,应依法支付加班费用。《劳动法》第四十四条还规定了上述三种加班的加班费用支付标准,即日常加班的加班费为工资的150%,双休日加班的加班费为工资的200%,节假日加班的加班费为工资的300%。如用人单位要求员工加班,但并未按照上述规定支付加班费,那么根据《劳动法》第九十一条第二项和《劳动合同法》第八十五条的规定,由劳动行政部门责令支付加班费,逾期不支付的,责令用人单位按应付金额的50%以上100%以下的标准向劳动者加付赔偿金。

本案例中,该机械公司安排员工加班,涵盖了三种加班情形,每天下班后加班、周六加班和中秋节法定节假日加班,但该公司最终决定全部加班都通过补休方式弥补,违反了上述法律规定。如果劳动者向劳动行政部门反映,机械公司就会被责令支付加班费,逾期不支付的,还应该向劳动者支付赔偿金。

律师提示

劳动者加班，延长了工作时间，增加了额外的劳动量，应当得到合理的报酬。如果用人单位不支付加班费用，根据《劳动合同法》第三十八条第一款第二项的规定，劳动者可以单方解除劳动合同。另外，根据该法第四十六条的规定，用人单位还要依法向劳动者支付经济补偿。因此，用人单位在用工时，可以选择让劳动者双休日加班，再通过补休折抵加班，这样就可以不用支付加班费，但是若存在法定节假日加班的情形，一般就必须支付相应的加班费。

法律依据

《中华人民共和国劳动法》

第四十四条 有下列情形之一的，用人单位应当按照下列标准支付高于劳动者正常工作时间工资的工资报酬：

（一）安排劳动者延长工作时间的，支付不低于工资的百分之一百五十的工资报酬；

（二）休息日安排劳动者工作又不能安排补休的，支付不低于工资的百分之二百的工资报酬；

（三）法定休假日安排劳动者工作的，支付不低于工资的百分之三百的工资报酬。

第九十一条 用人单位有下列侵害劳动者合法权益情形之一的，由劳动行政部门责令支付劳动者的工资报酬、经济补偿，并可以责令支付赔偿金：

……

（二）拒不支付劳动者延长工作时间工资报酬的；

……

《中华人民共和国劳动合同法》

第三十八条第一款 【劳动者单方解除劳动合同】用人单位有下列情形之一的，劳动者可以解除劳动合同：

……

（二）未及时足额支付劳动报酬的；

......

第四十六条　【经济补偿】有下列情形之一的，用人单位应当向劳动者支付经济补偿：

（一）劳动者依照本法第三十八条规定解除劳动合同的；

......

第八十五条　【未依法支付劳动报酬、经济补偿等的法律责任】用人单位有下列情形之一的，由劳动行政部门责令限期支付劳动报酬、加班费或者经济补偿；劳动报酬低于当地最低工资标准的，应当支付其差额部分；逾期不支付的，责令用人单位按应付金额百分之五十以上百分之一百以下的标准向劳动者加付赔偿金：

......

（三）安排加班不支付加班费的；

......

《劳动部关于职工工作时间有关问题的复函》

四、休息日或法定休假日加班，用人单位可否不支付加班费而给予补休？补休的标准如何确定？

依据《劳动法》第四十四条规定，休息日安排劳动者加班工作的，应首先安排补休，不能补休时，则应支付不低于工资的百分之二百的工资报酬。补休时间应等同于加班时间。法定休假日安排劳动者加班工作的，应另外支付不低于工资的百分之三百的工资报酬，一般不安排补休。

《全国年节及纪念日放假办法》

第二条　全体公民放假的节日：

（一）新年，放假1天（1月1日）；

（二）春节，放假3天（农历正月初一、初二、初三）；

（三）清明节，放假1天（农历清明当日）；

（四）劳动节，放假1天（5月1日）；

（五）端午节，放假1天（农历端午当日）；

（六）中秋节，放假1天（农历中秋当日）；

（七）国庆节，放假3天（10月1日、2日、3日）。

52 以无劳动合同为由拒认员工工伤，不合规

现实案例

杨某因长期从事沙土运输工作，积累了不少建筑工程方面的资源。为了能接手大的项目，杨某注册了一家土石方运输有限责任公司，并雇用了一名司机小马，专门负责公司承接的土石方外运工作。有一次，司机小马在工地等待装车的时候，被正在作业的挖掘机前臂碰伤。伤病缓解后，小马开始联系公司申报工伤待遇。杨某却答复称，小马并没有与公司签订劳动合同，双方属于个人之间的劳务关系，其所受伤害与公司无关，根本就不存在工伤申报的基础关系，公司完全是基于善良关怀的原则，才垫付了部分医药费，希望小马不要多心，康复后继续合作。小马听后，对公司的做法失望至极，下定决心要依法维权。

划重点

虽然申报工伤时需要向社保局提交书面劳动合同等材料，但是否签订劳动合同并不是判断员工受伤是否属于工伤的唯一标准。公司拒绝给存在事实劳动关系的受伤员工申报工伤待遇的行为，不合规。

律师分析

判断员工受伤是否属于工伤的首要条件，就是要确定员工是否与用人单位存在劳动关系。个人之间的劳务关系、加工承揽关系等均不属于工伤评定的适用范围。而劳动关系的直接体现则是签署书面的劳动合同，所以，很多对法律规定理解不透彻的单位、个人，都会把工伤待遇申报局限在已经签订了书面劳动合同的情形之中。其实，这严重侵犯了存在事实劳动关系的受伤员工的合法权益，是不正确的。

在我国，维护伤残职工的合法权益的法律途径就是先进行工伤申报，然后到指定的伤残评定机构参加伤残等级评定，再按照鉴定意见书载明的结果理赔对应

的赔偿款。其中工伤认定申请时应提交的材料，要严格遵守《工伤保险条例》第十八条的规定组织申报。

在上面的案例中，杨某的公司雇用小马当司机，专门负责土石方外运工作，虽然没有书面的劳动合同，但是存在事实的劳动关系，当小马在工作中受伤时，公司有义务帮其办理工伤申报等一系列事宜。

此外，还需要注意的是，根据《人力资源和社会保障部关于执行〈工伤保险条例〉若干问题的意见》第七条的规定，具备用工主体资格的承包单位违反法律、法规规定，将承包业务转包、分包给不具备用工主体资格的组织或者自然人，该组织或者自然人招用的劳动者从事承包业务时因工伤亡的，由该具备用工主体资格的承包单位承担用人单位依法应承担的工伤保险责任。简言之，有用工资格的单位把业务非法承包给个人后，个人再雇用劳务人员施工，该劳务人员受伤的，可以突破劳务雇用关系，向上一级或多级，直到找到能够承担工伤责任的主体单位，由该主体单位承担工伤赔偿责任，一般追索到建筑工程的承建商层级，就足以视其为用工主体责任承担者了。这一规定解决了工地中个人包工头雇用的农民工遭受身体损害时的维权问题。

律师提示

为因工作遭受事故伤害或者患职业病的职工申报认定工伤是用人单位的一项法定义务。现实生活中，通过各种方式阻挠员工进行工伤认定和申报的企业不在少数，为了规制此行为，《工伤保险条例》第十七条规定了相应的法律责任。即一旦企业未按时申报，工伤职工或其近亲属也可以自行申报，工伤职工发生的相关合法费用可能要由用人单位来承担。此外，员工可根据《劳动法》第七十七条第一款的规定，依法申请调解、仲裁、提起诉讼。

法律依据

《中华人民共和国劳动法》

第七十七条第一款　用人单位与劳动者发生劳动争议，当事人可以依法申请调解、仲裁、提起诉讼，也可以协商解决。

《工伤保险条例》

第十七条 职工发生事故伤害或者按照职业病防治法规定被诊断、鉴定为职业病，所在单位应当自事故伤害发生之日或者被诊断、鉴定为职业病之日起30日内，向统筹地区社会保险行政部门提出工伤认定申请。遇有特殊情况，经报社会保险行政部门同意，申请时限可以适当延长。

用人单位未按前款规定提出工伤认定申请的，工伤职工或者其近亲属、工会组织在事故伤害发生之日或者被诊断、鉴定为职业病之日起1年内，可以直接向用人单位所在地统筹地区社会保险行政部门提出工伤认定申请。

……

用人单位未在本条第一款规定的时限内提交工伤认定申请，在此期间发生符合本条例规定的工伤待遇等有关费用由该用人单位负担。

第十八条第一款 提出工伤认定申请应当提交下列材料：

（一）工伤认定申请表；

（二）与用人单位存在劳动关系（包括事实劳动关系）的证明材料；

（三）医疗诊断证明或者职业病诊断证明书（或者职业病诊断鉴定书）。

《人力资源和社会保障部关于执行〈工伤保险条例〉若干问题的意见》

七、具备用工主体资格的承包单位违反法律、法规规定，将承包业务转包、分包给不具备用工主体资格的组织或者自然人，该组织或者自然人招用的劳动者从事承包业务时因工伤亡的，由该具备用工主体资格的承包单位承担用人单位依法应承担的工伤保险责任。

53 规定在厂区以外发生的伤害一律不是工伤，不合规

现实案例

冯某开办了一家家具加工厂。为增加人气，冯某特意邀请了某工程公司负责采购的梁主管出席公司的周年庆典。不料，梁主管称自己前两天出去采购时，不小心发生了工伤事故，无法出席本次庆典。冯某听后一头雾水，怎么不在单位范

围内受伤也能休工伤假呢？冯某寒暄几句后便挂掉电话，随即找到了人事专员，要求其向员工声明，凡是在厂区以外发生的伤害，一律不能算作工伤，单位也不负责任何赔偿。员工们虽然觉得单位的规定有些苛刻，但是作为新企业，有些不完善的地方也能够让人理解。半年过后，家具厂员工小吕在上班途中发生了交通事故，受了点轻伤，小吕一想到单位的相关规定，且事故对方负全部责任，就打消了申报工伤待遇的念头。

> 划重点

企业对员工在厂区或办公场所以外发生的伤亡事故，一律拒绝承认工伤的做法，不合规。

> 律师分析

工伤认定需要把握3个核心要素，即工作时间、工作地点、工作内容，只有同时符合这3点才能认定所受伤害为工伤。但是，有些岗位工作并不能以单纯地坐在办公室来完成，这就需要对工伤认定的要素予以一定的扩大化理解。企业直接将工伤认定中的"工作地点"局限于厂区或办公场所之内，这一做法是错误的。

在我国，职工有享受工伤待遇的权利，对于工伤认定的情况既有明确的列举规定，也有兜底条款的包容性规定。其中，对于不在办公场所内的，根据《工伤保险条例》第十四条的规定，因工外出期间，由于工作原因受到伤害或者发生事故下落不明的，应当认定为工伤；在上下班途中，受到非本人主要责任的交通事故或者城市轨道交通、客运轮渡、火车事故伤害的，应当认定为工伤。此外，对于看似与履行工作任务无关联性的三种特殊伤亡情况也可以视同工伤，此三种情形在《工伤保险条例》第十五条中被明确列举。由此可知，符合工伤的情况还有多种，用人单位不得任意缩小适用范围。

本案例中，冯某开办的家具加工厂，对在厂区以外发生的伤害一律不予申报工伤是违法的。小吕在上班途中遭遇非本人主要责任的交通事故伤害，属于应当认定为"工伤"的情形。一旦小吕选择依法维权，在工伤事故发生的一年内，小吕及其家属均可自行向当地人力资源和社会保障局申报工伤，获取工伤待遇赔偿，并且，家具厂还会因此承担一定的责任。

律师提示

随着近些年劳动者法律意识的提高，劳动者对于因上下班途中遭遇的交通事故申请认定工伤待遇的情况越来越多见，此类案件在工伤待遇赔偿案件中所占比重越来越大。很多时候，面对员工的维权诉求，企业管理者还经常抱怨"现在的员工越来越难管理"，殊不知其实是企业管理者对相关法律知识缺乏了解，把员工的合法诉求当作刁难，以至于逼迫员工走上了法律维权之路，直到劳动仲裁裁决书发到手上，才感叹是自己不懂法。作为企业管理者，一定要对工伤认定的情形了然于心，不能让员工流血又流泪，要时刻凝聚员工产生向心力，助力企业长久发展。

法律依据

《工伤保险条例》

第十四条 职工有下列情形之一的，应当认定为工伤：

……

（五）因工外出期间，由于工作原因受到伤害或者发生事故下落不明的；

（六）在上下班途中，受到非本人主要责任的交通事故或者城市轨道交通、客运轮渡、火车事故伤害的；

（七）法律、行政法规规定应当认定为工伤的其他情形。

第十五条第一款 职工有下列情形之一的，视同工伤：

（一）在工作时间和工作岗位，突发疾病死亡或者在48小时之内经抢救无效死亡的；

（二）在抢险救灾等维护国家利益、公共利益活动中受到伤害的；

（三）职工原在军队服役，因战、因公负伤致残，已取得革命伤残军人证，到用人单位后旧伤复发的。

54 企业给哺乳期员工安排"值夜班"工作，不合规

现实案例

方某是某建设施工单位的仓库管理工作人员。她休完产假后便回到了工作岗位。某建设施工单位领导为了保障工程施工进度，要求仓库管理部门夜间也要安排专门人员进行值班，以确保物料供应 24 小时通畅。仓库负责人在编写夜间值班表时，考虑到方某虽然仍然处在哺乳期内，但是为了保障部门内部公平，还是将方某也安排了进去，每周会有一到两天不等的夜班需要方某来值守。

划重点

女职工在休完产假后仍然享有哺乳假以及其他相应的权利保障，所以单位在对其进行工作安排时应当予以格外注意，避免因此违反法律而侵犯到女职工的合法权益。

律师分析

女职工在生育期以及生育后依法享有法定产假，并且各省区在国家规定的 98 天产假外还有延长的部分，即便如此，也不足以满足女职工产后完全恢复与哺乳婴儿的需求，因此，国家在女职工产假之后规定了哺乳假以及对女职工的其他相应的保障性规定，目的就在于使得女职工充分保障婴儿的哺乳与成长，另外也可以在此期间进行身体的进一步恢复。依据《劳动法》第六十三条的规定和《女职工劳动保护特别规定》第九条第一款的规定，对哺乳未满一周岁婴儿的女职工，用人单位不得延长劳动时间或者安排夜班劳动。

本案例中，方某作为处在哺乳期的员工，依法享有获得法定保障的权利。方某在产假休息完后立即返回工作岗位，此时婴儿尚不满一周岁，所以单位不应当在此时安排她值守夜班，这既是方某应当获得保障的权利，也是单位应当履行的法定义务。

律师提示

企业应当依法保障女职工权益，对于处于生育期、哺乳期等特殊时期的女员工权益保障尤其要予以注意，法律在工作时间、工作安排上都有着特殊规定。如果因为企业的不当行为致使女职工权益受到损害，公司将可能面临相关的行政处罚及相应赔偿。如前案所述的违法行为，依据《劳动法》第九十五条的规定，可以由劳动行政部门责令改正，处以罚款，如果对女职工造成损害的，应当承担赔偿责任。另外，依据《女职工劳动保护特别规定》第十三条第一款的规定，可以由县级以上人民政府人力资源社会保障行政部门责令限期改正，按照受侵害女职工每人1000元以上5000元以下的标准计算，处以罚款。

法律依据

《中华人民共和国劳动法》

第六十三条 不得安排女职工在哺乳未满一周岁的婴儿期间从事国家规定的第三级体力劳动强度的劳动和哺乳期禁忌从事的其他劳动，不得安排其延长工作时间和夜班劳动。

第九十五条 用人单位违反本法对女职工和未成年工的保护规定，侵害其合法权益的，由劳动行政部门责令改正，处以罚款；对女职工或者未成年工造成损害的，应当承担赔偿责任。

《女职工劳动保护特别规定》

第九条第一款 对哺乳未满1周岁婴儿的女职工，用人单位不得延长劳动时间或者安排夜班劳动。

第十三条第一款 用人单位违反本规定第六条第二款、第七条、第九条第一款规定的，由县级以上人民政府人力资源社会保障行政部门责令限期改正，按照受侵害女职工每人1000元以上5000元以下的标准计算，处以罚款。

55 不与怀孕女职工续签劳动合同，不合规

现实案例

某公司财务部门的出纳顾某与公司签订了为期2年的固定期限劳动合同。合同还有两个月就到期时，顾某怀孕了。该公司总经理考虑到出纳要经常到银行等单位办理业务，顾某怀孕来回奔波对其身体有一定影响，而且顾某生产完后还要休产假，公司出纳工作无法安排，用劳务派遣员工暂时顶替顾某这么重要的岗位也不合适。思前想后，他觉得最好的办法就是让顾某离职。恰逢公司与顾某的劳动合同马上到期，于是他通知人事部门不要与顾某续签劳动合同，等合同到期后就安排顾某离职，并着手招聘新的出纳人员。

划重点

如女职工的劳动合同到期时，其仍在怀孕、哺乳期间，用人单位不续签劳动合同而与其解除劳动关系，这是不合规的。

律师分析

实践中，因女职工怀孕后，在工作时间、强度、效率等方面受到影响，且生育后需要享受较长时间的产假。因此，很多用人单位都不愿意聘用女职工或是会想方设法选择让女职工在怀孕后离职，但是除非是女职工有严重违反用人单位规章制度、严重失职给用人单位造成重大损害或是被依法追究刑事责任等自身有重大过错的法定情形外，用人单位不续签劳动合同，而辞退怀孕女职工的行为是不合规的。

为了保障妇女的劳动权利，我国《劳动法》针对女职工生理机能的变化，对女职工孕期、产期和哺乳期间给予特殊的劳动权利保护。根据《劳动合同法》第四十五条与《劳动部关于贯彻执行〈中华人民共和国劳动法〉若干问题的意见》第三十四条的规定，孕期女职工的劳动合同期满后，用人单位不得终止劳动

合同，劳动合同的期限也会应自动延续至哺乳期期满为止。而且《劳动合同法》第四十二条第四项还规定，用人单位不得与孕期女职工解除劳动关系。也就是说，如果女职工怀孕，即便劳动合同期满后，用人单位不与女职工续签合同，劳动合同的期限也会自动顺延至女职工哺乳期满，且在女职工怀孕至哺乳期期满期间，用人单位不得解除劳动关系。如果用人单位违反上述法律规定，根据《劳动合同法》第四十八条与第八十七条的规定，用人单位应按照经济补偿标准的二倍向女职工支付赔偿金。

本案例中，顾某在合同期满前2个月怀孕，按照上述法律规定，即便公司不与顾某续签合同，顾某的劳动合同也是顺延至哺乳期满。如果公司在顾某劳动合同期满后与顾某解除劳动合同，那么公司应该按照经济补偿金的二倍向顾某支付赔偿金。

律师提示

如果女职工的劳动合同在孕期、产期、哺乳期到期届满，用人单位可以不续签劳动合同，可以制作"劳动合同顺延登记表""劳动合同期限顺延通知书"等文件，由用人单位与劳动者书面确认劳动合同期限自动顺延的事实依据、法律依据、截止日期等内容。待顺延时间结束后，公司再决定是否和女职工续签劳动合同。

法律依据

《中华人民共和国劳动合同法》

第四十二条 【用人单位不得解除劳动合同的情形】 劳动者有下列情形之一的，用人单位不得依照本法第四十条、第四十一条的规定解除劳动合同：

……

（四）女职工在孕期、产期、哺乳期的；

……

第四十五条 【劳动合同的逾期终止】 劳动合同期满，有本法第四十二条规定情形之一的，劳动合同应当续延至相应的情形消失时终止。但是，本法第四十二条第二项规定丧失或者部分丧失劳动能力劳动者的劳动合同的终止，按照国家有关工伤保险的规定执行。

第四十八条 【违法解除或者终止劳动合同的法律后果】用人单位违反本法规定解除或者终止劳动合同，劳动者要求继续履行劳动合同的，用人单位应当继续履行；劳动者不要求继续履行劳动合同或者劳动合同已经不能继续履行的，用人单位应当依照本法第八十七条规定支付赔偿金。

第八十七条 【违反解除或者终止劳动合同的法律责任】用人单位违反本法规定解除或者终止劳动合同的，应当依照本法第四十七条规定的经济补偿标准的二倍向劳动者支付赔偿金。

《劳动部关于贯彻执行〈中华人民共和国劳动法〉若干问题的意见》

34. 除劳动法第二十五条规定的情形外，劳动者在医疗期、孕期、产期和哺乳期内，劳动合同期限届满时，用人单位不得终止劳动合同。劳动合同的期限应自动延续至医疗期、孕期、产期和哺乳期期满为止。

56 拒绝给被开除的员工出具离职证明，不合规

现实案例

A公司招聘了一名办公室文员顾某。顾某在试用期期间表现优秀，但试用期通过后，经常迟到、早退，后竟连续旷工15天。在公司发了2个返岗通知后，顾某仍不返岗。因此，A公司以顾某严重违反公司规章制度为由开除了顾某。顾某被辞退1个月后，其又来到A公司的人力资源部门，称自己找到了新的工作，新的单位要求其提交离职证明，否则不能办理入职。A公司觉得顾某在本公司工作期间迟到、早退、旷工，而且辞退后又拒绝到公司办理交接，严重影响了公司的工作，便拒绝为顾某出具离职证明。

划重点

虽然劳动者因违反公司规章制度等情况被单位开除，但用人单位拒绝给被开除的员工出具离职证明的做法是不合规的。

律师分析

一般情况下,被用人单位开除的员工与用人单位的关系都非常紧张,有的被开除的员工甚至与用人单位对簿公堂。因此,被开除的员工需要原用人单位为其出具离职证明时,原用人单位往往不愿意出具,殊不知,这种行为是违反劳动合同法规定的,是不合规的。

离职证明是用人单位与劳动者解除劳动关系的书面证明,是用人单位与劳动者解除劳动关系后必须出具的一份书面材料。根据我国《劳动合同法》第五十条第一款的规定,用人单位与劳动者解除劳动关系时,必须为劳动者出具解除或者终止劳动合同的证明,即离职证明。也就是说,为劳动者出具离职证明是用人单位的法定义务。另外,根据《劳动合同法》第九十一条的规定,用人单位招用与其他用人单位尚未解除或者终止劳动合同的劳动者,给其他用人单位造成损失的,应当承担连带赔偿责任。鉴于此,用人单位在招聘劳动者时,都会要求劳动者提供原用人单位的离职证明,以免发生聘用没有离职员工造成的不必要的损失。如果用人单位不为辞退的员工开具离职证明,那么根据《劳动合同法》第八十九条的规定,用人单位会被劳动行政部门责令改正,给劳动者造成经济损失的,还要依法予以赔偿。

本案例中,顾某因严重违反A公司的规章制度被辞退,被辞退后又不积极办理离职手续,给A公司工作造成了一定的影响。但为顾某出具离职证明是A公司的法定义务,如果A公司拒绝出具,顾某仍然可以向劳动人事争议调解仲裁委员会提出仲裁,要求A公司出具离职证明。顾某也有可能向当地劳动行政部门举报,那么,A公司就将面临责令改正的行政处罚,得不偿失。

律师提示

有的用人单位给被辞退的员工开具的离职证明中涉及员工因违纪事实被开除的内容,也有的会涉及劳动者的品德、工作能力等方面的负面评价。在实践中,有的劳动争议仲裁委或是法院认为,原单位没有权利在离职证明中对劳动者的工作能力、品行、工作态度等进行评判。因此,在用人单位出具的离职证明中最好仅包括劳动单位基本信息、劳动者基本信息、劳动关系建立日期、劳动关系解除日期、劳动关系期间劳动者担任职务等内容即可。如果对离职原因要进行说明的话，必须要客观，不能带有贬义或者评价性的描述，否则就会面临被劳动争议仲裁委裁决或是法院判决重新开具离职证明的后果。

法律依据

《中华人民共和国劳动合同法》

第五十条第一款　**【劳动合同解除或者终止后双方的义务】**用人单位应当在解除或者终止劳动合同时出具解除或者终止劳动合同的证明，并在十五日内为劳动者办理档案和社会保险关系转移手续。

第八十九条　**【不出具解除、终止书面证明的法律责任】**用人单位违反本法规定未向劳动者出具解除或者终止劳动合同的书面证明，由劳动行政部门责令改正；给劳动者造成损害的，应当承担赔偿责任。

第九十一条　**【用人单位的连带赔偿责任】**用人单位招用与其他用人单位尚未解除或者终止劳动合同的劳动者，给其他用人单位造成损失的，应当承担连带赔偿责任。

第六章　市场经营管理

57 未拿到证照就开始"试营业"，不合规

现实案例

范某看见咖啡备受白领人群的喜爱，于是便萌生了自己创业卖咖啡的想法。他找到朋友王某，提出由自己提供经营场地，王某提供启动资金，二人合伙在某商务区附近开一家咖啡店。王某和范某在商定合伙协议后，向行政审批部门提交了申办合伙企业的材料，工作人员告知王某二人证照申办需要7个工作日。在等待的时间内，王某提出现在包括装修、设备在内的营业条件都已经具备了，还不如趁此期间先进行几天的试营业，看一下顾客的消费反应。

划重点

作为市场经营主体的企业在未拿到营业执照之前就开始所谓的试运营，是不合规的。

律师分析

"试营业"是当前商事运营中较为普遍的一种"试水"方式。"试营业"顾名思义也是营业行为的一种，在此期间同样需要向顾客提供服务、商品等。与正式营业的区别就是，二者开展的出发点不尽相同。"试营业"是正式营运前，借以向市场开放而据此获得普遍反馈的商事运营策略行为，而正式营业则是通过商事行为获得纯粹的利益回报。但是既然这种"试营业"脱离不开营业的概念范畴，那么"试营业"也就应当遵守法律法规对企业经营的规定。

在我国，企业开展经营性行为的必要前提条件就是要取得营业执照。根据《市场主体登记管理条例》第三条第一款的规定，市场主体应当依照本条例办理登记。未经登记，不得以市场主体名义从事经营活动。法律、行政法规规定无须办理登记的除外。同时依据《民法典》以及《公司法》的规定，企业作为市场经营法人，其自成立时方始具有权利能力与行为能力，才能以自己的名义开展市场经营活动，而企业的成立则是以营业执照签发为准的。另外《合伙企业法》第十一条，对于合伙企业的商事经营开展也有着相同的规定。法律作出如此规定，一方面在于保障市场经营的秩序，使市场经营主体能够经过审核，剔除其中不符合要求的部分，尽最大可能确保市场主体符合基本的准入原则，使之纳入有效的管理体系中；另一方面，在领取证照后，即该市场主体相关信息便同时公示于社会，可以有效保障交易相对人的知情权与选择权，也能够保障落实市场主体的相关责任。

当然，领取了营业执照并不意味着可以立即开始生产经营活动，企业经营者还应当依据所从事的行业特点与要求，如食品领域、基础电信业务、小额贷款经营等，办理其他的审批手续和证照后方能正式从事生产经营。

本案例中，王某与范某二人的合伙企业在最基本的营业执照还没有下发之时就从事经营活动，明显违背了法律的规定，也将会因此而招致相应的法律处罚与责任承担。

律师提示

规范市场主体登记管理是维护良好市场秩序、优化营商环境的必然要求。虽然国家与地方政府在政策上大力放宽市场准入条件，不断优化审批程序，但是经营审批登记的基本准入原则却是一直未曾改变的。企业开展经营的前提是，经过合法的登记许可，如果有违反行为则可能因此而承担相应的法律责任。比如，对于本案例中成立的合伙企业未领取营业执照而开展试营业的行为，依据《合伙企业法》第九十五条第一款的规定，应由企业登记机关责令停止，处以5000元以上5万元以下的罚款。此外，《市场主体登记管理条例》第四十三条也有对于此类行为的相关处罚规定。所以，企业要在各种手续都齐全的情况下再开展生产经营活动。

法律依据

《中华人民共和国合伙企业法》

第十一条 合伙企业的营业执照签发日期，为合伙企业成立日期。

合伙企业领取营业执照前，合伙人不得以合伙企业名义从事合伙业务。

第九十五条第一款 违反本法规定，未领取营业执照，而以合伙企业或者合伙企业分支机构名义从事合伙业务的，由企业登记机关责令停止，处以五千元以上五万元以下的罚款。

《中华人民共和国市场主体登记管理条例》

第三条第一款 市场主体应当依照本条例办理登记。未经登记，不得以市场主体名义从事经营活动。法律、行政法规规定无需办理登记的除外。

第四十三条 未经设立登记从事经营活动的，由登记机关责令改正，没收违法所得；拒不改正的，处1万元以上10万元以下的罚款；情节严重的，依法责令关闭停业，并处10万元以上50万元以下的罚款。

58 虚假宣传自己的产品，不合规

现实案例

某化妆品公司研发出一款新的面膜。为了加大宣传力度，公司负责人要求广告文案人员在宣传海报上标记"荣获省科技进步奖"等荣誉，并邀请当地知名主持人主持新品发布会。发布会前，主持人称其会对外宣称亲身体验过这款面膜，以表现面膜的神奇效果，这比获奖更为直观。后经主持人鼓吹面膜的神奇作用，果真获得了不少消费者的信赖。新品面膜一经上市就被抢购一空。

划重点

虽然宣传产品能够更好地打开市场，但虚假宣传的做法不合规。

律师分析

新品上市最重要的就是迅速占领市场，但是面对市面上陈列的琳琅满目的产品，如何吸引消费者的眼球，就成了企业首要解决的问题。诸多企业会进行广告宣传、开展免费体验活动或者请明星名人到场等方式提高新产品的知名度，其中有的不乏鼓吹、虚假宣传的成分。虽然通过"鼓吹、虚假宣传"，在短期内能够受到消费者关注，但企业的这种做法是不合规的。

在我国，企业做出引人误解或虚假的宣传，是法律明令禁止的。根据《反不正当竞争法》第八条的规定，经营者不得对其商品的性能、功能、质量、销售状况、用户评价、曾获荣誉等作虚假或者引人误解的商业宣传，欺骗、误导消费者。《广告法》第二十八条也有类似规定，并且专门规定了虚构使用商品或者接受服务的效果的，构成虚假广告。据此可知，宣传推广虽然是为了让更多人了解产品、购买商品，但是确保不做虚假宣传是企业应当履行的法定义务。无论选择哪种营销手段，企业都应当如实介绍产品性能、获奖、用户体验等情况，由消费者理智选择是否购买商品。

本案例中，某化妆品公司负责人要求公司广告文案鼓吹新品面膜获得的荣誉，以及同意主持人在主持过程中虚构面膜使用情况，就属于违法行为。一旦被消费者投诉或者经主管机关查证，公司届时还要承担相应的法律责任。

律师提示

在发展日新月异的今天，产品的宣传推广显得尤为重要。现实生活中，通过鼓吹产品效果等方式进行虚假宣传的企业不在少数，为了规制此行为，《反不正当竞争法》第二十条规定了相应的法律责任。即一旦企业进行虚假或者引人误解的商业宣传的，由监督检查部门责令其停止违法行为，并处以罚款，情节严重的还会被处以吊销营业执照的处罚。另外，消费者还可以根据《消费者权益保护法》第二十四条第一款的规定，提出退货退款的要求。到头来，企业真是"竹篮打水一场空"，于企业发展并无益处。

法律依据

《中华人民共和国反不正当竞争法》

第八条 经营者不得对其商品的性能、功能、质量、销售状况、用户评价、曾获荣誉等作虚假或者引人误解的商业宣传，欺骗、误导消费者。

经营者不得通过组织虚假交易等方式，帮助其他经营者进行虚假或者引人误解的商业宣传。

第二十条 经营者违反本法第八条规定对其商品作虚假或者引人误解的商业宣传，或者通过组织虚假交易等方式帮助其他经营者进行虚假或者引人误解的商业宣传的，由监督检查部门责令停止违法行为，处二十万元以上一百万元以下的罚款；情节严重的，处一百万元以上二百万元以下的罚款，可以吊销营业执照。

经营者违反本法第八条规定，属于发布虚假广告的，依照《中华人民共和国广告法》的规定处罚。

《中华人民共和国广告法》

第二十八条 广告以虚假或者引人误解的内容欺骗、误导消费者的，构成虚假广告。

广告有下列情形之一的，为虚假广告：

（一）商品或者服务不存在的；

（二）商品的性能、功能、产地、用途、质量、规格、成分、价格、生产者、有效期限、销售状况、曾获荣誉等信息，或者服务的内容、提供者、形式、质量、价格、销售状况、曾获荣誉等信息，以及与商品或者服务有关的允诺等信息与实际情况不符，对购买行为有实质性影响的；

（三）使用虚构、伪造或者无法验证的科研成果、统计资料、调查结果、文摘、引用语等信息作证明材料的；

（四）虚构使用商品或者接受服务的效果的；

（五）以虚假或者引人误解的内容欺骗、误导消费者的其他情形。

第五十五条 违反本法规定，发布虚假广告的，由市场监督管理部门责令停止发布广告，责令广告主在相应范围内消除影响，处广告费用三倍以上五倍以下的罚款，广告费用无法计算或者明显偏低的，处二十万元以上一百万元以下的罚款；两年内有三次以上违法行为或者有其他严重情节的，处广告费用五倍以上十倍以下的罚款，广告费用无法计算或者明显偏低的，处一百万元以上二百万元以下的罚款，可以吊销营业执照，并由广告审查机关撤销广告审查批准文件、一年内不受理其广告审查申请。

……

广告主、广告经营者、广告发布者有本条第一款、第三款规定行为，构成犯罪的，依法追究刑事责任。

第五十六条第一款 违反本法规定，发布虚假广告，欺骗、误导消费者，使购买商品或者接受服务的消费者的合法权益受到损害的，由广告主依法承担民事责任。广告经营者、广告发布者不能提供广告主的真实名称、地址和有效联系方式的，消费者可以要求广告经营者、广告发布者先行赔偿。

《中华人民共和国消费者权益保护法》

第二十四条第一款 经营者提供的商品或者服务不符合质量要求的，消费者可以依照国家规定、当事人约定退货，或者要求经营者履行更换、修理等义务。没有国家规定和当事人约定的，消费者可以自收到商品之日起七日内退货；七日后符合法定解除合同条件的，消费者可以及时退货，不符合法定解除合同条件的，可以要求经营者履行更换、修理等义务。

59 以不正当手段获取竞争对手的商业秘密，不合规

现实案例

A 公司近期推出一款新产品。新产品刚上市不久就好评如潮。这使得竞争对手 B 公司负责人十分着急。为了尽快研制出新产品，挤占市场份额，B 公司决定想办法获取 A 公司新产品的配方。该配方属于商业秘密。1 个月过后，A 公司收到市场人员反馈，说是 B 公司销售的新产品与其产品非常类似，就连 B 公司的销售人员都宣称他们的产品配方与 A 公司的一样，并且价格更低一些。果然，B 公司的操作很有用，订单如泉涌般进入了 B 公司。

划重点

虽然研制新品是赢得竞争的有力手段，但公司非法窃取他方商业秘密的做法并不合规。

律师分析

目前，市场竞争日趋激烈，求新求变是企业生存的一大法则。实践中，企业为了达到追赶研发进度、节省研发投入等目的，偶有通过窃取他人产品配方、内部报价、客户情报等商业秘密的做法，以实现"弯道超车"。事实上，企业的这种做法是不正确的，也不利于企业的长远发展。

在我国，商业秘密作为知识产权的客体之一，是受法律保护的。根据《反不正当竞争法》第九条的规定，经营者不得以盗窃、贿赂等不正当手段获取他人所有的商业秘密。也就是说，具有商业价值的商业秘密是企业的无形资产，不允许他人窃取。企业获得他人商业秘密的手段必须合法。

本案例中，B公司窃取A公司产品配方这一商业秘密的行为是违法的。一旦被查证属实，B公司届时还将承担相应的法律责任。

律师提示

在企业知识产权的保护中，商业秘密是重要的保护客体。为了规制此行为，《反不正当竞争法》第二十一条规定了相应的法律责任。即一旦企业被查证存在侵犯商业秘密的行为，不仅需要停止违法行为，还可能会被处以罚款。此外，根据《刑法》第二百一十九条的规定，窃取他人商业秘密情节严重的，将构成刑事犯罪。企业要想长久、健康运营，就要通过自主研发、提高市场营销能力，来提升市场竞争力。

法律依据

《中华人民共和国反不正当竞争法》

第九条 经营者不得实施下列侵犯商业秘密的行为：

（一）以盗窃、贿赂、欺诈、胁迫、电子侵入或者其他不正当手段获取权利人的商业秘密；

……

本法所称的商业秘密，是指不为公众所知悉、具有商业价值并经权利人采取相应保密措施的技术信息、经营信息等商业信息。

第二十一条　经营者以及其他自然人、法人和非法人组织违反本法第九条规定侵犯商业秘密的，由监督检查部门责令停止违法行为，没收违法所得，处十万元以上一百万元以下的罚款；情节严重的，处五十万元以上五百万元以下的罚款。

《中华人民共和国刑法》

第二百一十九条　【侵犯商业秘密罪】有下列侵犯商业秘密行为之一，情节严重的，处三年以下有期徒刑，并处或者单处罚金；情节特别严重的，处三年以上十年以下有期徒刑，并处罚金：

（一）以盗窃、贿赂、欺诈、胁迫、电子侵入或者其他不正当手段获取权利人的商业秘密的；

……

60 模仿知名品牌包装自己的产品，不合规

现实案例

M化妆品生产公司于2018年设计了一款名为"女神"的花瓣洗发露，外观为粉红色，并在瓶身显著位置标识了黑色的"女神"字样。后来，该公司通过聘请明星代言、发布广告等方式宣传营销，大大地提高了这款产品的影响力和知名度。A公司也是一家化妆品生产公司，其为了增加产品销量，将自己旗下生产的一款洗护产品改名为"女袖"，并采用了与"女神"牌洗发露颜色、形状等极为相似的包装，在视觉上让人难以分辨，销量果然大增。

划重点

模仿知名品牌的包装，不但构成侵权，而且属于不正当竞争，这是不合规的。

律师分析

现实生活中，知名品牌往往是一个企业极其核心的竞争力，能够为企业带来可观的经济效益。很多企业不惜重金投入产品的宣传和营销，只为能够打造一个知名品牌。然而，部分经营者只想要业绩的提升，却不想为此付出过多的成本，反而投机取巧，想方设法窃取他人的成果，模仿知名品牌包装自己的产品，以此扩大产品销路。殊不知，这种"搭便车""蹭名牌"的行为，已经超越商业竞争的界限，触犯了法律法规。

根据我国《反不正当竞争法》的规定，禁止经营者擅自使用与他人有一定影响的商品名称、包装、装潢等相同或者近似的标识，引人误认为是他人商品或者与他人存在特定联系。显而易见，模仿知名品牌的包装、装潢，就是一种不正当竞争，既侵犯了他人的商标权，要承担侵权责任，还涉嫌不正当竞争，面临行政处罚。

在上面的例子中，A公司模仿M公司"女神"牌洗发露的包装，生产了"女袖"牌洗护产品，两者的包装、装潢极其相似，足以引起消费者误会，因此构成混淆行为，给M公司造成损害的，应当依法承担民事责任，赔偿其因被侵权而实际受到的损失；同时，A公司违反了我国《反不正当竞争法》的相关规定，还应当停止违法行为，承担罚款、吊销营业执照等法律责任。

律师提示

提升产品销量、扩大经营利润是绝大多数企业经营者的共同目标，然而，发财亦要有道，经营者的商业行为必须在法律规范的界限内进行。一旦经营者想投机取巧，模仿知名品牌包装自己的产品，若被认定为混淆行为，经营者就会被监督检查部门责令停止违法行为，没收违法商品，并视违法经营额的多少处以不同数额罚款；情节严重的，还会被吊销营业执照。到头来，企业也是"竹篮打水一场空"。

法律依据

《中华人民共和国反不正当竞争法》

第六条 经营者不得实施下列混淆行为，引人误认为是他人商品或者与他人存在特定联系：

（一）擅自使用与他人有一定影响的商品名称、包装、装潢等相同或者近似的标识；

……

第十八条第一款 经营者违反本法第六条规定实施混淆行为的，由监督检查部门责令停止违法行为，没收违法商品。违法经营额五万元以上的，可以并处违法经营额五倍以下的罚款；没有违法经营额或者违法经营额不足五万元的，可以并处二十五万元以下的罚款。情节严重的，吊销营业执照。

61 为促成交易而给对方业务员钱财，不合规

现实案例

据群众举报，某建筑材料销售有限公司在交易过程中存在不合法的商业贿赂行为。经当地市场监督管理执法人员调查，该建筑材料销售有限公司在从事产品经营销售的过程中，为了增加产品销量，谋取交易机会，曾以现金方式向客户的业务人员支取回扣2万余元，且事后并未记入公司法定会计账册。最终，该公司被当地市场监督管理部门作出没收全部违法所得，罚款10万元的行政处罚。

划重点

为促成交易而给对方业务员钱财应当如实入账，否则就会被认定为商业贿赂

行为，违反法律法规。

律师分析

在市场交易活动中，时常会存在为了促成交易机会而向对方工作人员给付钱财的现象。事实上，法律允许经营者以明示的方式向交易相对方支付折扣，或者向中间人支付佣金，但是应当如实入账，并且接受折扣、佣金的经营者也应当如实入账。这是一种正当合法的商业行为。但是，为了谋取交易机会或者竞争优势，秘密向对方的业务员等工作人员给付钱财，就属于行贿行为，是被法律严令禁止的。我国《反不正当竞争法》第七条规定，经营者不得采用财物或者其他手段贿赂交易相对方的工作人员、受交易相对方委托办理相关事务的单位或者个人等。

在上面的例子中，该建筑材料销售有限公司可以以明示的方式向客户支付折扣，以促成交易，但双方均应记入公司法定会计账册，以备查验，若通过账外秘密支付的方式给予交易相对方财物，就是商业贿赂，是一种不正当竞争行为，会受到法律的严惩。

律师提示

我国法律不限制交易，但也绝对打击破坏市场的经济行为。若经营者为了谋取交易机会和竞争优势实施商业贿赂行为，就是我国法律规定的责任主体。《反不正当竞争法》第十九条明确规定了违法主体的法律责任：经营者违反规定贿赂他人的，由监督检查部门没收违法所得，处10万元以上300万元以下的罚款。情节严重的，吊销营业执照。由此可见，经营者为了促成交易机会而向对方工作人员给付钱财的初衷本无可厚非，但千万不要舍本逐末，因小失大。

法律依据

《中华人民共和国反不正当竞争法》

第七条　经营者不得采用财物或者其他手段贿赂下列单位或者个人，以谋取交易机会或者竞争优势：

（一）交易相对方的工作人员；

（二）受交易相对方委托办理相关事务的单位或者个人；

（三）利用职权或者影响力影响交易的单位或者个人。

经营者在交易活动中，可以以明示方式向交易相对方支付折扣，或者向中间人支付佣金。经营者向交易相对方支付折扣、向中间人支付佣金的，应当如实入账。接受折扣、佣金的经营者也应当如实入账。

……

第十九条 经营者违反本法第七条规定贿赂他人的，由监督检查部门没收违法所得，处十万元以上三百万元以下的罚款。情节严重的，吊销营业执照。

62 设置最高奖超 5 万元，进行有奖销售的，不合规

现实案例

面对即将到来的国庆黄金周，某黄金首饰公司营销部门提出假期期间，在全市三家门店举办一场"购首饰、抽大奖"的促销活动。具体方案是在假期期间，凡购置首饰 3888 元及以上者，均可获得抽奖号码一个，在国庆假期最后一天举行抽奖活动，一等奖获得者可以得到 8.8 万元现金超级大奖。果然，活动一经推出，便受到了人们的热情追捧，引起了消费热潮，有的门店甚至出现货品销售一空的景象。

划重点

虽然企业可以通过包括有奖销售在内的营销方式来促进销售，但是设置奖金数额超过 5 万元的抽奖活动则构成不正当竞争行为，是不合规的。

律师分析

市场营销过程中，作为销售方的企业往往会举办各式各样的促销活动，而这

其中尤其以有奖销售在生活中较为常见，其根本目的在于吸引更多的消费者，创造市场销售机会，实现企业销售额与利润的双向增长。但是这种营销方式并不是没有限制的，考虑到各企业自身的实力与发展，如果允许不计成本与限制的投入，那么那些实力明显较弱的企业往往承受不住这样的冲击，很可能因此而失去市场，甚至有破产的危机，显然这是有悖于公平原则的。对此，《反不正当竞争法》第十条明确规定，抽奖式的有奖销售，最高奖的金额不得超过5万元。这样的规定旨在保护同等的市场竞争主体享有公平的竞争权，抵制恶意的不正当竞争。

本案例中，该黄金首饰公司抽奖促销的方式是法律所许可的，但是对于奖项金额的设置，也即8.8万元的最高奖却超出了法律所规定的上限值，应当以5万元为上限，重新设置为宜，否则就涉嫌不正当竞争，属于违法行为。

律师提示

法律平等地保护每一个市场主体的公平参与权，一方面在于实现公平竞争，促进市场的良性发展，保障中小企业主利益；另一方面也可以有效防止大企业利用优势地位与资源形成对中小企业的压迫，防止垄断行为的产生，进而可以有效防止国家经济和消费者受到损害。实践中如果出现上述案例中的类似行为，依据《反不正当竞争法》第二十二条的规定，会由监督检查部门责令停止违法行为，处5万元以上50万元以下的罚款。

法律依据

《中华人民共和国反不正当竞争法》

第十条 经营者进行有奖销售不得存在下列情形：

（一）所设奖的种类、兑奖条件、奖金金额或者奖品等有奖销售信息不明确，影响兑奖；

（二）采用谎称有奖或者故意让内定人员中奖的欺骗方式进行有奖销售；

（三）抽奖式的有奖销售，最高奖的金额超过五万元。

第二十二条 经营者违反本法第十条规定进行有奖销售的，由监督检查部门责令停止违法行为，处五万元以上五十万元以下的罚款。

63 借贬低其他企业的商誉来抬高自己，不合规

现实案例

陈某和赵某都在某建材城经营家具做销售。因为陈某的家具是自己工厂生产的，成本和质量都能得到有效控制，所以质优价廉的货物更加能够获得顾客的青睐，在销量上也是远远领先于其他同行。眼见于此的赵某，心生妒忌，联合另外几家店主，逢人便说陈某的家具所用油漆并不环保，店内销售的所谓高档家具也不是欧洲原装进口板材，而且还指使他人蓄意进行投诉。

划重点

企业宣传自己商品和服务的优势无可厚非，但是通过贬低其他企业以抬高自己的行为，则是不合规的。

律师分析

市场竞争的根本之道在于提升自身品质，从而在质量、价格等方面能够优于对手，获得消费者的青睐与认可，实现企业的利润和商誉。企业商品质量与服务提升后，有效的宣传是迅速占领市场的重要手段，但是，公平、公正、诚实信用的竞争原则必须贯穿每一个市场参与主体经营的全过程。这就要求市场参与者在遵循法治的前提下，学会利用合理的手段来提升自己，借助合理的宣传让消费者了解企业自身的产品与服务，塑造以质量为基础的良好口碑，这样才能形成良好的商誉，使企业得以屹立于残酷的市场竞争中。而借贬低其他企业的商誉来抬高自己，其目的在于通过歪曲事实来影响对手信誉，使得消费者形成误解，这是法律明令禁止的。根据《反不正当竞争法》第十一条的规定，经营者不得编造、传播虚假信息或者误导性信息，损害竞争对手的商业信誉、商品声誉。

本案例中，赵某联合其他经营者恶意编造并传播诋毁陈某商品的信息，甚至进行虚假投诉，已经严重违反了法律的规定。

> 律师提示

市场竞争是优胜劣汰的过程。企业在市场竞争中应当依法竞争，使用合法、合理的商战手段，最为重要的是提升自身实力，以获得消费者的认可。通过不当的手段进行竞争，也许能赢得一时的竞争，但是这样的违法行为也必将受到法律的处罚，最终得不偿失。《反不正当竞争法》第二十三条即对前述违法行为的法律责任进行了规定，即由监督检查部门责令停止违法行为、消除影响，处10万元以上50万元以下的罚款；情节严重的，处50万元以上300万元以下的罚款。由此可见，借贬低他方来抬高自身，既不道德，也不合法，企业经营者面对此类现象应当敬而远之。

> 法律依据

《中华人民共和国反不正当竞争法》

第十一条 经营者不得编造、传播虚假信息或者误导性信息，损害竞争对手的商业信誉、商品声誉。

第二十三条 经营者违反本法第十一条规定损害竞争对手商业信誉、商品声誉的，由监督检查部门责令停止违法行为、消除影响，处十万元以上五十万元以下的罚款；情节严重的，处五十万元以上三百万元以下的罚款。

64 在广告中称自己的产品"第一""最好"等，不合规

> 现实案例

国庆期间，当地某啤酒厂搞促销活动，在其厂子门口贴出宣传广告。广告中采用了"本地区连续五年销量第一"的表述。当地老百姓确实经常喝这个品牌的啤酒，看了这个宣传标语还都挺自豪的，趁着搞活动，附近的乡亲们都买了很多啤酒。当地的媒体打算对该企业进行报道。但双方在对接过程中，媒体人称这

个"第一"的表述太绝对化，建议换个说法。啤酒厂负责人则觉得虽然没有具体统计数据，但当地老百姓都很认可这个啤酒，这么写没什么问题。

划重点

企业在广告中为自己的商品冠以"第一""最好""最佳"等绝对化表述不合规。

律师分析

很多广告都以"第一""最好"等词语博人眼球，但是它们所说的"第一"往往并没有建立在科学调研的数据基础之上，使用并不准确，且容易误导消费者。需要强调的是，广告领域是禁止使用绝对化用语的。近年来，随着法律知识的深入普及，不使用绝对化用语已经成为不少企业的自觉，但面对日益激烈的市场竞争，仍有一些企业想方设法打擦边球，忽视法律的规范。

在我国，因广告宣传被查处的违规案件中占比最大的就是虚假宣传，而虚假宣传中的夸大宣传又是最为常见的情形之一。禁止不当使用绝对化广告用语是各类经营者应当履行的法定义务。根据《广告法》第九条的规定，广告不得使用"国家级""最高级""最佳"等用语。该条规定属于不完全列举型的规定，"顶级""全球级""第一"等，以及类似于法条列举中的"最佳""最高级"等词语均属于禁止使用的广告宣传词语。不论基于何种原因，企业宣传均不应使用上述绝对化用语对商品进行介绍，即便是消费者没有提出异议，企业也不能进行此类宣传。

本案例中，啤酒厂做出的"本地区连续五年销量第一"的绝对化表述广告语，是违反法律规定的，需要承担相应的法律责任。啤酒厂应当听从媒体人的建议，做到合理合法宣传推广自己的啤酒。

律师提示

企业与其绞尽脑汁地选用绝对化宣传语来吸引消费者，不如投入精力去研发具有市场竞争力的商品，以优良的品质在激烈的竞争中脱颖而出。国家法律历来严厉打击这一违法行为,《广告法》第五十七条就专门规定了相应的法律责任,一旦企业被举报或被查出使用"第一""最好"等广告语,不仅需要停止发布广告,还需要承担罚款。情节严重的,还会受到吊销营业执照的行政罚款。这对企业而言是得不偿失的。当然,企业广告宣传也不能如惊弓之鸟,遇到"第一"这样的词汇就闪躲,对于企业秉持"顾客第一、信誉至上"等类似理念的,既不损害消费者权益,也不涉及不正当竞争,还是可以正确运用的。

法律依据

《中华人民共和国广告法》

第九条 广告不得有下列情形:

(一)使用或者变相使用中华人民共和国的国旗、国歌、国徽,军旗、军歌、军徽;

(二)使用或者变相使用国家机关、国家机关工作人员的名义或者形象;

(三)使用"国家级"、"最高级"、"最佳"等用语;

……

(十一)法律、行政法规规定禁止的其他情形。

第五十七条 有下列行为之一的,由市场监督管理部门责令停止发布广告,对广告主处二十万元以上一百万元以下的罚款,情节严重的,并可以吊销营业执照,由广告审查机关撤销广告审查批准文件、一年内不受理其广告审查申请;对广告经营者、广告发布者,由市场监督管理部门没收广告费用,处二十万元以上一百万元以下的罚款,情节严重的,并可以吊销营业执照:

(一)发布有本法第九条、第十条规定的禁止情形的广告的;

……

65 给用户发送广告短信被用户回复退订后仍继续发送的，不合规

现实案例

某化妆品电商经营部分高端品牌化妆品。为了加强与购买过产品的顾客的联系，电商决定以发送短信的形式告知顾客新品上市情况、优惠促销活动等信息。虽然广告短信里都写着回复"TD"即可完成退订，但是有消费者反映即便回复了"TD"之后，还是会收到商家类似的广告短信。有的消费者打电话询问后才知道，短信回复"TD"之后，还需要在平台留言确认，再完成退订原因问卷调查，才能完全完成退订程序。对此，消费者都不知道，因此，短信里的回复"TD"程序形同虚设。

划重点

虽然公司发送的商品推销短信附带了退订方式，但未实现一键退订，消费者按照提示回复退订后，仍然向消费者发送广告短信的，不合规。

律师分析

当前，市场上的商品琳琅满目，很多商家都深知"酒香也怕巷子深"的道理，善于利用广告宣传推广的优势，更早、更多、更充分地让消费者了解产品，以便打开市场销路。但是，很多商家却在掌握客户电话信息后不断地发短信、打电话，骚扰消费者的正常生活。这种做法不但影响消费者的体验感，更是不合法的。

实际上，商家擅自发短信给客户，侵犯了公民的隐私权，为法律所禁止。根据我国《民法典》第一千零三十三条、《广告法》第四十三条以及《通信短信息服务管理规定》第十八条、第二十条的规定，禁止擅自向当事人发送商业营销短信，用户同意后又明确表示拒绝接收商业性短信息的，应当停止向其发送。发送

电子营销短信的，必须同时向接收者提供拒收短信的方式。据此可知，商家是不得擅自向当事人发送营销类短信的，即使经同意发送短信，也需要以显著的方式标记一键关闭的功能，或者明确告知有效、快捷的退订方式，不得设置任何退订短信服务的障碍。

本案例中，化妆品电商虽然也提供了短信退订方式，但是并不是一键退订，而是设置了多种障碍程序阻止退订行为的完成，这也是不合法的。

律师提示

近些年，短信垃圾侵犯公民隐私的问题越来越严重，为了确保私人生活不被垃圾营销短信打扰，国家机关也加大了相关查处力度。我国《广告法》第六十三条规定，未经当事人同意，以短信方式向其发送广告的，由有关部门责令停止违法行为，对广告主处5000元以上3万元以下罚款。各类经营者必须坚决杜绝以电话、短信、电子邮件等方式侵扰他人私人生活安宁的营销策略，只有以品质升级换取消费者信赖，以高性价比换取消费者回购意愿，这才是经营者"突出重围"的要义所在。

法律依据

《中华人民共和国广告法》

第四十三条　任何单位或者个人未经当事人同意或者请求，不得向其住宅、交通工具等发送广告，也不得以电子信息方式向其发送广告。

以电子信息方式发送广告的，应当明示发送者的真实身份和联系方式，并向接收者提供拒绝继续接收的方式。

第六十二条　违反本法第四十三条规定发送广告的，由有关部门责令停止违法行为，对广告主处五千元以上三万元以下的罚款。

违反本法第四十四条第二款规定，利用互联网发布广告，未显著标明关闭标志，确保一键关闭的，由市场监督管理部门责令改正，对广告主处五千元以上三万元以下的罚款。

《通信短信息服务管理规定》

第十八条　短信息服务提供者、短信息内容提供者未经用户同意或者请求，不得向其发送商业性短信息。用户同意后又明确表示拒绝接收商业性短信息的,应当停止向其发送。

短信息服务提供者、短信息内容提供者请求用户同意接收商业性短信息的,应当说明拟发送商业性短信息的类型、频次和期限等信息。用户未回复的,视为不同意接收。用户明确拒绝或者未回复的,不得再次向其发送内容相同或者相似的短信息。

基础电信业务经营者对通过其电信网发送端口类商业性短信息的,应当保证有关用户已经同意或者请求接收有关短信息。

第二十条 短信息服务提供者、短信息内容提供者向用户发送商业性短信息,应当提供便捷和有效的拒绝接收方式并随短信息告知用户,不得以任何形式对用户拒绝接收短信息设置障碍。

《中华人民共和国民法典》

第一千零三十三条 除法律另有规定或者权利人明确同意外,任何组织或者个人不得实施下列行为:

(一)以电话、短信、即时通讯工具、电子邮件、传单等方式侵扰他人的私人生活安宁;

……

66 在广告中有贬低同行之意的,不合规

现实案例

某服装公司最近研制出了一款新型防水面料,该面料号称采用最新的高科技技术,不但防水性能优良,更能使污渍不易黏附在衣服上。在广告宣传策划中,该公司通过对四种不同品牌的成衣进行弹力、材质、做工、防水等各方面的对比,最后在广告结语中宣称,自己的品牌服饰无论从哪一方面都更胜一筹。这一广告一经投放市场,反响良好。很多消费者都争相购买,形成了一股不小的购物浪潮。

划重点

虽然广告采用的对比方式主要是为了衬托自身产品的优点，但是具有贬低他人来抬高自己的意思，不合规。

律师分析

市场竞争是增强市场活力的润滑剂，也是推动企业产品更新升级的内在动力，但是，很多企业在竞争中为了凸显自己的优势，往往选择通过对比方式形成反差。正所谓"没有对比就没有伤害"，这些对比的过程会渗透出贬低同行的意思，使得消费者形成误解，这是不合法的。

合理的广告宣传能为企业的发展提供巨大的助力，而具有贬低其他企业意图的不良广告，则是有害的，是法律所明令禁止的。根据《广告法》第十三条的规定，广告不得贬低其他生产经营者的商品或者服务。《反不正当竞争法》第十一条也有类似的规定。正常的广告宣传推广是可以促进市场良性竞争的合法行为，而发布带有贬低同行的广告则是违法行为。执法部门会综合考虑广告的影响力、广告收益等多方面情况，予以行政处罚。

本案例中，服装公司经营者在产品对比中突出自己产品优势的同时，贬低了同行产品的品质，已经违反了法律的规定，是不合规的。

律师提示

利用不正当手段进行竞争，不但无法实现企业长远的发展，还可能遭到法律的处罚。真所谓，搬起石头砸自己的脚。企业企图利用贬低同行的方式来宣传推广自身的做法是非常不可取的，将会受到责令停止违法行为，并予以罚款的处罚。企业广告应做到不贬低、不排挤、不拉踩他人，面向目标消费者群体，通过介绍自身产品的特性，有的放矢，才能在竞争中"避雷区"、在竞争中持续向好。

法律依据

《中华人民共和国广告法》

第十三条　广告不得贬低其他生产经营者的商品或者服务。

第五十九条　有下列行为之一的，由市场监督管理部门责令停止发布广告，对广告主处十万元以下的罚款：

（一）广告内容违反本法第八条规定的；

……

（四）违反本法第十三条规定，广告贬低其他生产经营者的商品或者服务的。

广告经营者、广告发布者明知或者应知有前款规定违法行为仍设计、制作、代理、发布的，由市场监督管理部门处十万元以下的罚款。

广告违反本法第十四条规定，不具有可识别性的，或者违反本法第十九条规定，变相发布医疗、药品、医疗器械、保健食品广告的，由市场监督管理部门责令改正，对广告发布者处十万元以下的罚款。

《中华人民共和国反不正当竞争法》

第十一条　经营者不得编造、传播虚假信息或者误导性信息，损害竞争对手的商业信誉、商品声誉。

第二十三条　经营者违反本法第十一条规定损害竞争对手商业信誉、商品声誉的，由监督检查部门责令停止违法行为、消除影响，处十万元以上五十万元以下的罚款；情节严重的，处五十万元以上三百万元以下的罚款。

67 医药广告中说明治愈率的，不合规

现实案例

某药品生产企业经过长期的科研投入与临床试验，在获得相关部门批准后，决定将本企业研发的治疗心血管疾病的药品进行上市销售。按照惯例进行广告投放时，科研部门的工作人员提出，在进行产品介绍时，鉴于本款产品在临床试验

上取得了非常优异的效果，是否可以在广告中说明本产品的临床治愈率已经达到了95%以上，相信这样的数据一经推出，绝对会引起广大消费者的追捧，在同类药品的竞争中也将会取得绝对的领先地位。

划重点

医疗、药品、医疗器械广告直接关系到人民群众的生命健康安全，以宣传治愈率来吸引消费者，是不合规的。

律师分析

每个公民在社会生活中，总会不可避免地遇到各类疾病的侵袭，所以药品也就成了人们生活中不可或缺的保障物资。但是由于普通社会群众缺乏专业的医学知识，最普遍的选择往往是依赖于商业广告而作出。如果制售医药的企业一味地宣扬治愈率，夸大药品的作用，往往会影响消费者的判断，是违反法律规定的。

国家为保障人民群众的生命健康安全，对药品的商业广告宣传有着极为严格的规范要求。依据《广告法》第十六条的规定，医疗、药品、医疗器械广告不得含有下列内容：(1) 表示功效、安全性的断言或者保证；(2) 说明治愈率或者有效率；(3) 与其他药品、医疗器械的功效和安全性或者其他医疗机构比较；(4) 利用广告代言人作推荐、证明；(5) 法律、行政法规规定禁止的其他内容。这样的规定，一方面是防止群众盲目遵从广告宣传而做出不利选择；另一方面也在于保障一些同类药品企业，使得市场保持良性竞争。

本案例中，该药企中的工作人员提出的在广告中加入治愈率的提议明显是违背法律规定的，不应当在药品的广告宣传中出现如上内容。

律师提示

药品的使用与管理不同于一般市场产品的流通，这直接关系到人民群众的生命健康安全，国家也明确规定要加强对药品各个流通、宣传环节的严格监管与整治。如果存在违反《广告法》第十六条规定的行为的，相关企业或者个人将面临法律的严厉处罚。医药诊疗领域可以说是包罗万象，广告措辞更要慎重。好的广告能够引导患者正确用药，是治病救人的"利器"。企业切不可为谋求私利，做出不合规的医药宣传，害人又害己。

法律依据

《中华人民共和国广告法》

第十六条 医疗、药品、医疗器械广告不得含有下列内容：

（一）表示功效、安全性的断言或者保证；

（二）说明治愈率或者有效率；

（三）与其他药品、医疗器械的功效和安全性或者其他医疗机构比较；

（四）利用广告代言人作推荐、证明；

（五）法律、行政法规规定禁止的其他内容。

……

推荐给个人自用的医疗器械的广告，应当显著标明"请仔细阅读产品说明书或者在医务人员的指导下购买和使用"。医疗器械产品注册证明文件中有禁忌内容、注意事项的，广告中应当显著标明"禁忌内容或者注意事项详见说明书"。

第五十八条 有下列行为之一的，由市场监督管理部门责令停止发布广告，责令广告主在相应范围内消除影响，处广告费用一倍以上三倍以下的罚款，广告费用无法计算或者明显偏低的，处十万元以上二十万元以下的罚款；情节严重的，处广告费用三倍以上五倍以下的罚款，广告费用无法计算或者明显偏低的，处二十万元以上一百万元以下的罚款，可以吊销营业执照，并由广告审查机关撤销广告审查批准文件、一年内不受理其广告审查申请：

（一）违反本法第十六条规定发布医疗、药品、医疗器械广告的；

……

广告经营者、广告发布者明知或者应知有本条第一款规定违法行为仍设计、制作、代理、发布的，由市场监督管理部门没收广告费用，并处广告费用一倍以上三倍以下的罚款，广告费用无法计算或者明显偏低的，处十万元以上二十万元以下的罚款；情节严重的，处广告费用三倍以上五倍以下的罚款，广告费用无法计算或者明显偏低的，处二十万元以上一百万元以下的罚款，并可以由有关部门暂停广告发布业务、吊销营业执照。

68 保健食品广告暗示广告商品为保障健康所必需，不合规

现实案例

某保健食品公司拟推出一款针对中老年人的新产品。该保健食品公司与广告公司商议宣传方案时，广告公司提出，可以聘请 10 位 70 岁甚至 80 岁以上的老人进行宣传。并且，在广告中可以通过老人的讲述来体现本产品所蕴含的营养物质是保障健康所必需的。广告完成制作后，可以在本省的主要电视台黄金时间档投放。这样的宣传一定能为公司的新产品带来良好的广告效应与可观的销量。

划重点

保健食品的宣传须依法依规。在广告中声称或者暗示宣传的保健食品为保障健康所必需，这种做法是不合规的。

律师分析

虽然经批准允许上市流通的营养食品可以在一定程度上帮助人们加强营养吸收或者增强机体免疫力，对人体健康有一定程度的保健作用，但是这种帮助在绝大多数时候仅起到辅助作用。人体的健康要更多地依赖于合理的饮食、作息、锻炼等方面，而不是简单的保健食品摄入。保健品广告声称或者暗示广告商品为保障健康所必需的这一做法，是违反法律规定的。

追求健康身体俨然成为当今社会发展的一大主流，如果允许存在诸如"健康保障所必需"这样的宣传，那么对于大多数群众而言势必形成误导，甚至可能使人们因此忽视正常的饮食与营养需求。久而久之，这种情况不但对保健品市场造成不良的影响，更可能会对人身健康造成损害。因此，《广告法》第十八条明确规定，保健食品广告不得有声称或者暗示广告商品为保障健康所必需的内容。此外，以下五类情形同样禁止在广告中使用：（1）表示功效、安全性的断言或者保证；（2）涉及疾病预防、治疗功能；（3）与药品、其他保健食品进行比较；

(4)利用广告代言人作推荐、证明；(5)法律、行政法规规定禁止的其他内容。

本案例中，广告公司所提出的方案希望通过特殊人群的宣传来体现该产品所蕴含的营养物质为健康保障所必需，这是法律所不允许的。

律师提示

广告宣传，特别是涉及食品、药品的广告宣传更应当严格执行法律的规定。因为这关系到人民群众人身、财产安全的事宜，过分地夸大宣传或者是不当宣传都是违反法律规定的。企业若有此类违法行为，市场监督管理局应予以相应的处罚。

法律依据

《中华人民共和国广告法》

第十八条 保健食品广告不得含有下列内容：

（一）表示功效、安全性的断言或者保证；

（二）涉及疾病预防、治疗功能；

（三）声称或者暗示广告商品为保障健康所必需；

（四）与药品、其他保健食品进行比较；

（五）利用广告代言人作推荐、证明；

（六）法律、行政法规规定禁止的其他内容。

保健食品广告应当显著标明"本品不能代替药物"。

第五十八条 有下列行为之一的，由市场监督管理部门责令停止发布广告，责令广告主在相应范围内消除影响，处广告费用一倍以上三倍以下的罚款，广告费用无法计算或者明显偏低的，处十万元以上二十万元以下的罚款；情节严重的，处广告费用三倍以上五倍以下的罚款，广告费用无法计算或者明显偏低的，处二十万元以上一百万元以下的罚款，可以吊销营业执照，并由广告审查机关撤销广告审查批准文件、一年内不受理其广告审查申请：

……

（三）违反本法第十八条规定发布保健食品广告的；

……

69 聘请未满 10 周岁的孩子做代言人，不合规

现实案例

9 周岁的刘某是本市知名的围棋"小神童"，今年更是定段成功，正式成为一名职业围棋选手。看到新闻报道后，某营养液生产公司觉得刘某身上蕴藏着巨大的商业价值，遂当即决定要与刘某开展合作。该营养液生产公司与刘父取得联系后，表达了想要邀请刘某作为公司产品形象代言人的意向。该公司希望通过拍摄广告来宣传，刘某正是服用了公司生产的营养液后，才能在比赛中保持良好的专注力与记忆力。

划重点

企业为了提升产品知名度，可以通过广告代言人代言的方式对外宣传。但是，聘请未满 10 周岁的孩子做代言人，是违反法律规定的。

律师分析

在当下的市场竞争中，企业多会选择明星作为企业的广告代言人。因为明星除可以利用自身影响力向社会大众进行宣传外，其自身还带有流量属性与粉丝团体等自然受众。而随着儿童产品市场的竞争加剧，越来越多的童星代言人出现在了大众视野的广告里。但是需要注意的是，《广告法》第三十八条第二款规定，不得利用不满 10 周岁的未成年人作为广告代言人。不满 10 周岁的儿童不满 8 周岁的是无民事行为能力人，8 周岁至 10 周岁的是限制民事行为能力人，其自身的认知尚不健全，不能相对准确表达自身感受，无论如何都不应该作为广告代言人出现在公众视野中。

本案例中，刘某作为该地区的知名人物，如果能够成为某营养液生产公司的产品代言人，的确会起到良好的宣传作用。但是，不可忽视的是，刘某才 9 周岁，尚不满足法律规定的 10 周岁这一年龄界限。所以，某营养液生产公司不得

聘请刘某进行广告宣传。此外，需要注意的是，对于这类营养产品的宣传还需遵循法律的其他规定，即以客观事实为基础，不得夸大、虚假宣传。例如，刘某没有服用过该营养液，而公司欲推出"刘某正是服用了公司生产的营养液后，才能在比赛中保持良好的专注力与记忆力"这种方案，肯定是不合规的，会被归入虚假广告的范畴。

律师提示

广告代言人的聘请与广告宣传，也须置于法律的监督之下。企业若聘用10周岁以下的未成年人作为代言人，将会受到法律的处罚。依据《广告法》第五十八条的规定，由市场监督管理部门责令停止发布广告，责令广告主消除影响，并对其处以罚款；同时视情节严重程度，还可以对其加重处罚直至吊销营业执照，并由广告审查机关撤销广告审查批准文件、1年内不受理其广告审查申请。

法律依据

《中华人民共和国广告法》

第三十八条 广告代言人在广告中对商品、服务作推荐、证明，应当依据事实，符合本法和有关法律、行政法规规定，并不得为其未使用过的商品或者未接受过的服务作推荐、证明。

不得利用不满十周岁的未成年人作为广告代言人。

对在虚假广告中作推荐、证明受到行政处罚未满三年的自然人、法人或者其他组织，不得利用其作为广告代言人。

第五十八条 有下列行为之一的，由市场监督管理部门责令停止发布广告，责令广告主在相应范围内消除影响，处广告费用一倍以上三倍以下的罚款，广告费用无法计算或者明显偏低的，处十万元以上二十万元以下的罚款；情节严重的，处广告费用三倍以上五倍以下的罚款，广告费用无法计算或者明显偏低的，处二十万元以上一百万元以下的罚款，可以吊销营业执照，并由广告审查机关撤销广告审查批准文件、一年内不受理其广告审查申请：

……

（十）违反本法第三十八条第二款规定，利用不满十周岁的未成年人作为广告代言人的；

……

70 为搞垮竞争对手赔本出售产品，不合规

> 现实案例

A公司和B公司是家电销售行业的两个大公司，多年来一直存在商业竞争关系。2019年开始，A公司为了进一步抢占国内家电市场，打出了"一年内公司所有家电产品不赚一分钱利润"的口号，大幅度降价，很多彩电、冰箱等产品只卖几百元甚至几十元。赔本价格果然吸引了大量消费者。A公司的这一销售策略给B公司的销量造成很大的冲击。为了应对这一危机，B公司不得不降低了自家产品的价格，甚至开展了多款商品的免费促销活动。

> 划重点

"赔本的买卖"不是想做就能做。为搞垮竞争对手，企业赔本出售产品，是不合规的。

> 律师分析

在现实生活中，一些经营者为了搞垮竞争对手不惜大打价格战，用低于成本的价格销售产品。殊不知，这种恶意倾销行为已经不再是商业主体自由决策的事项，也不仅仅属于有悖于公认的商业道德的手段和方式，而是我国《价格法》所明令禁止的不正当价格行为。根据我国《价格法》第十四条的规定，禁止经营者在依法降价处理鲜活商品、季节性商品、积压商品等商品外，为了排挤竞争对手或者独占市场，以低于成本的价格倾销，扰乱正常的生产经营秩序，损害国家利益或者其他经营者的合法权益。

在上面的例子中，A公司降价促销的目的非常明确，就是为了抢占市场份

额，搞垮竞争对手，且其所销售的商品也不属于鲜活商品、季节性商品、积压商品等商品，因此其行为已经触犯了我国相关法律法规，是不合规的。

律师提示

遵守《价格法》《反不正当竞争法》等是市场经营者的强制性义务，否则就要承担相应的法律责任。根据《价格法》第四十条第一款的规定，经营者存在不正当价格行为的，责令改正，没收违法所得，可以并处违法所得5倍以下的罚款；没有违法所得的，予以警告，可以并处罚款；情节严重的，责令停业整顿，或者由工商行政管理机关①吊销营业执照。因此，企业万万不能为了搞垮对手就任意做"赔本买卖"，得不偿失。

法律依据

《中华人民共和国价格法》

第十四条 经营者不得有下列不正当价格行为：

……

（二）在依法降价处理鲜活商品、季节性商品、积压商品等商品外，为了排挤竞争对手或者独占市场，以低于成本的价格倾销，扰乱正常的生产经营秩序，损害国家利益或者其他经营者的合法权益；

……

第四十条第一款 经营者有本法第十四条所列行为之一的，责令改正，没收违法所得，可以并处违法所得五倍以下的罚款；没有违法所得的，予以警告，可以并处罚款；情节严重的，责令停业整顿，或者由工商行政管理机关吊销营业执照。有关法律对本法第十四条所列行为的处罚及处罚机关另有规定的，可以依照有关法律的规定执行。

---

① 现为市场监督管理部门。

71 格式合同或条款未做相应的提示，不合规

现实案例

赵某在甲汽车销售公司选购了10辆厢式货车。到货后，赵某发现其中两辆车与自己选购时的外观配色明显不符，于是，赵某便拨打了甲汽车销售公司的电话要求其进行更换。甲汽车销售公司工作人员则表示，赵某在签订购车合同时，合同文本中"购车介绍和详情"里已经明确写着"车辆一经交付，公司概不负责"。既然赵某选择签字并且公司已经交付了车辆，那么就默认赵某同意了相关条款的内容，因此拒绝了赵某的请求。但是赵某则表示，在签约时，合同页数多，且"车辆一经交付，公司概不负责"这一行字字体非常小，自己压根儿没有注意到这个条款。

划重点

未尽到充分的提示或说明义务的格式条款，是不合规的。

律师分析

在现实生活中，为了方便交易的进行，企业往往会预先拟定一些合同文本供交易时使用。这类合同一般由企业单独拟定，另一方并没有参与合同的草拟过程，并且在签约过程中也没有机会就相关条款进行磋商，这样的合同就是格式合同，相关条款也被称为格式条款。按照我国《民法典》第四百九十六条的规定，提供格式条款的一方应当遵循公平原则，明确当事人的权利和义务，并且在签约过程中，对于免除或者减轻自身责任等与对方有重大利害关系的条款，应当按照对方的要求，对该条款予以说明，未履行提示或者说明义务，致使对方没有注意或者理解与对方有重大利害关系的条款的，对方可以主张该条款不成为合同的内容，即该条款无效。

在上面的例子中，赵某虽然在甲汽车销售公司提供的购车合同上签字，但是

不能当然地认为赵某对"车辆一经交付，公司概不负责"的条款已经默认。车辆的外观配色、型号以及质量对于购车人而言是非常重要的条款，关乎其切身利益，应当提请消费者特别注意，但甲公司在签约过程中没有就该条款进行"字体加黑、加粗"等充分的说明和提示，反而采用了非常小的字体，赵某当然可以主张该项条款不成为合同的内容。甲公司未尽到提示说明义务的行为是不合规的。

律师提示

格式条款在促进市场交易的完成、提高交易效率方面确有其不可替代的意义，但是如果提供格式条款的一方没有采取合理的方式尽到提示或说明义务，即使双方签字或盖章，也不会产生法律效力。因为这些格式条款的存在，使双方处在失衡的缔约地位上，相关内容也反映不出双方真实的意思表示，相对方当然可以主张这些格式条款不发生效力。因此，在生产经营中，经营者如果想要采用格式条款，一定要进行明确的提示或说明，在对方充分理解的前提下签约，否则也得不到想要的结果，最终只能竹篮打水一场空，还可能增加不必要的诉累。

法律依据

《中华人民共和国民法典》

第四百九十六条 格式条款是当事人为了重复使用而预先拟定，并在订立合同时未与对方协商的条款。

采用格式条款订立合同的，提供格式条款的一方应当遵循公平原则确定当事人之间的权利和义务，并采取合理的方式提示对方注意免除或者减轻其责任等与对方有重大利害关系的条款，按照对方的要求，对该条款予以说明。提供格式条款的一方未履行提示或者说明义务，致使对方没有注意或者理解与其有重大利害关系的条款的，对方可以主张该条款不成为合同的内容。

72 以商品是特价为由不向消费者出具发票，不合规

现实案例

近日，王先生去一家烟酒零售店消费，付款后习惯性地要求商家开具相应金额的发票，结果却遭到商家的拒绝。商家表示，王先生所购买的 5 箱酒、10 盒香烟都是店里目前正在做打折促销活动的商品，价格低，利润少，所以无法给王先生开具发票，如果想要发票需要按照原价购买或者加收一定税费。

划重点

向消费者开具发票是经营者的法定义务，经营者不能以任何理由推托。因售卖商品为打折或特价品而拒不开发票的，不合规。

律师分析

在法律上，发票是指在购销商品、提供或者接受服务以及从事其他经营活动中，开具、收取的收付款凭证。发票与我们的日常生活息息相关，它既是消费者购买商品、接受服务的依据，也是认定经营者财务收支的法定凭证，特别是当消费者的权益受到损害的时候，可以凭借发票进行权利救济。

许多商家推出代金券、购物卡等优惠，并理所当然地以打折商品、特价商品为由拒绝向消费者开具发票，这实际上是不合规的。对于经营者而言，无论是按照正常销售价格出售商品，还是打折处理商品，只要销售行为发生，就应当向消费者开具发票等购货凭证或者服务单据。否则，对于违反发票管理法规的行为，任何单位和个人都可以举报。对此，我国《消费者权益保护法》第二十二条明确规定，经营者提供商品或者服务，应当按照国家有关规定或者商业惯例向消费者出具发票等购货凭证或者服务单据；消费者索要发票等购货凭证或者服务单据的，经营者必须出具。

商品打折与开具发票之间并没有必然的联系，商家为了促销而打折出售商品

应当是自愿的行为，不能以此为由逃避自己的义务。同样的，以"老板不在""设备故障""空白发票用完"等五花八门的理由拒绝开具发票的行为也都是不合法的。在上面的例子中，商家的行为已经违反了《消费者权益保护法》和《发票管理办法》的规定，随时有可能被消费者举报。

律师提示

消费后索要发票是消费者的正当要求，经营者不能以任何理由推托，为自己避税开辟空间和提供条件，损害消费者权益和国家税收利益，否则就要承担相应的法律责任：由税务机关责令改正，可以处1万元以下的罚款；有违法所得的予以没收。因此，经营者要严格遵守国家发票管理的法律法规，千万不要知法犯法。

法律依据

《中华人民共和国消费者权益保护法》

第二十二条 经营者提供商品或者服务，应当按照国家有关规定或者商业惯例向消费者出具发票等购货凭证或者服务单据；消费者索要发票等购货凭证或者服务单据的，经营者必须出具。

《中华人民共和国发票管理办法》

第十九条 销售商品、提供服务以及从事其他经营活动的单位和个人，对外发生经营业务收取款项，收款方应当向付款方开具发票；特殊情况下，由付款方向收款方开具发票。

第三十五条 违反本办法的规定，有下列情形之一的，由税务机关责令改正，可以处1万元以下的罚款；有违法所得的予以没收：

（一）应当开具而未开具发票，或者未按照规定的时限、顺序、栏目，全部联次一次性开具发票，或者未加盖发票专用章的；

……

73 强制搭售商品，不合规

现实案例

某汽车销售公司享有某品牌汽车的区域经销权。该品牌汽车在本地具有很大的市场影响力。为了提高利润率，该销售公司决定，顾客在线下单购车时，必须跳转到"车险大礼包"页面，页面设置为默认办理一年期的车辆强制险和商业第三者责任险。很多顾客为了买该品牌汽车，只好按照要求购买了车辆保险。一次，距购车提车已经半个月之久，有位消费者突然找到销售人员，要求退还保险差价，称店内搭售的保险比在外面购买的贵很多。销售人员答复称，其已签署了同意购置"车险大礼包"条款，风险应当由消费者自行承担。

划重点

即使消费者自行签署或默认了购置搭售商品的合同条款，公司强制搭售的做法仍然不合规。

律师分析

商品搭售行为在一定程度上对增加市场活力有着重要意义，是一种常见的促销手段。但是，在实践中，部分企业为了追逐利润最大化，强制销售性价比不高的商品。这一行为侵害了消费者的选择权和公平交易权，也影响了自己的企业口碑。这种做法是不合规的，也是不可取的。

在我国，强制搭售商品的行为为法律所禁止。根据《消费者权益保护法》第九条和第十条的规定，消费者享有自主选择权和公平交易权，消费者有权自主决定购买或者不购买任何一种商品，有权拒绝强制交易行为。《电子商务法》第十九条也明确规定，经营者不得将搭售商品或者服务作为默认同意的选项。据此可知，经营者向消费者提供符合法律规定、双方约定的商品、服务是经营者的法定义务，经营者必须遵循诚实信用的原则，在提供可选择性搭售商品、服务时，应当事先征得消费者同意。

　　本案例中，汽车销售公司关于强制搭售商品的条款违背了法律规定，属于霸王条款，依法可认定为无效条款，销售公司应当依消费者诉求，选择退还保费或是退还不合理差价。

律师提示

　　保护消费者的合法权益是全社会的共同责任，更是企业长远发展的一项制胜"法宝"。实践中，汽车销售领域中搭售保险的行业潜规则普遍存在，这其实是一种违法行为，侵犯了消费者的合法权益。消费者可根据《消费者权益保护法》第五十二条的规定提出退还保险费的要求。企业也将为此付出失去口碑甚至受到行政处罚的代价，可以说，"巧立名目"的强制搭售行为害人害己，企业不要等到"交了学费"以后再追悔莫及。

法律依据

《中华人民共和国消费者权益保护法》

　　第九条　消费者享有自主选择商品或者服务的权利。

　　消费者有权自主选择提供商品或者服务的经营者，自主选择商品品种或者服务方式，自主决定购买或者不购买任何一种商品、接受或者不接受任何一项服务。

　　消费者在自主选择商品或者服务时，有权进行比较、鉴别和挑选。

　　第十条　消费者享有公平交易的权利。

　　消费者在购买商品或者接受服务时，有权获得质量保障、价格合理、计量正确等公平交易条件，有权拒绝经营者的强制交易行为。

　　第五十二条　经营者提供商品或者服务，造成消费者财产损害的，应当依照法律规定或者当事人约定承担修理、重作、更换、退货、补足商品数量、退还货款和服务费用或者赔偿损失等民事责任。

《中华人民共和国电子商务法》

　　第十九条　电子商务经营者搭售商品或者服务，应当以显著方式提请消费者注意，不得将搭售商品或者服务作为默认同意的选项。

第七十七条 电子商务经营者违反本法第十八条第一款规定提供搜索结果，或者违反本法第十九条规定搭售商品、服务的，由市场监督管理部门责令限期改正，没收违法所得，可以并处五万元以上二十万元以下的罚款；情节严重的，并处二十万元以上五十万元以下的罚款。

74 经营者称特价商品一经售出概不负责，不合规

现实案例

某超市低价购进一批塑料板凳，用于超市搞特价活动，价格标签中鲜明标注"原价18元，特价只需4.9元"。有的消费者买了这种特价板凳，但是，回家一坐就发现板凳腿明显不一样长。消费者要求超市更换有质量问题的板凳时，却遭到拒绝。超市称这是特价商品，不退不换。同时，超市还拿出了"告示牌"，只见上面用小字体标明了"特价商品，一经售出概不负责"的告知语，消费者见状也只好自认倒霉。

划重点

虽然特价促销是让利消费者的利好商业行为，但是经营者拒绝退换存在质量问题的特价商品，仍然不合规。

律师分析

现在越来越多的商家注重利用打折、特价等营销手段来吸引消费者的眼球，以特价商品带动平价商品的销售业绩，但是，也存在一些不良商家，打着促销的旗号，处理库存临期商品、质量不过关的商品等。很多消费者购买过类似特价商品，一旦发现商品存在质量问题，退货、换货却十分困难，商家一句"特价商品，概不退换"就将消费者拒之门外。实际上商家这种做法是错误的，也不符合法律规定。

商品可以降低价格出售，但是品质保证责任并不能随之降低。经营者有提供"三包"服务的法定义务，所销售的商品存在质量问题的，经营者应当予以更换、修理，甚至退货退款。该法定义务不得以任何方式予以排除适用。《消费者权益保护法》第二十六条明确规定，经营者不得以格式条款、通知、声明、店堂告示等方式，作出排除或者限制消费者权利、减轻或者免除经营者责任、加重消费者责任等对消费者不公平、不合理的规定。也就是说，"特价商品，一经售出概不负责""特价商品，概不退换"等单方格式条款，属于"霸王条款"，这种意在排除经营者自身退换货责任的条款，在法律上是无效的。此外，《零售商促销行为管理办法》第十二条、第十八条也有类似的规定，均强调经营者对其商品负有质量保证义务，不因特价而减损。

本案例中，虽然商品特价是比日常价格低很多，超市也提前声明了特价商品不退不换，但是对于这种存在质量问题的已售商品，超市还是应当履行退货、更换、修理的义务。经营者抱着有免责条款就万事大吉的侥幸态度，来欺瞒消费者，是错误的，也是难以长久的，还将面临相应的法律责任。

律师提示

排除或限制消费者合法权益的行为，可能短期内能靠免责条款蒙混过关，但是长此以往，经营者的口碑也就被消耗掉了。消费者不买账，经营者就难以立足于激烈的市场竞争中。因此，经营者在进货、整理货物时，要严把质量关，一旦发现销售货物存在质量问题，经营者就应当履行售后服务义务，如对消费者承担赔偿责任的，可事后向商品的生产者追偿。经营者应坚守品质底线，为消费者提供真正的实惠，助力企业长久发展。

法律依据

《中华人民共和国消费者权益保护法》

第二十四条 经营者提供的商品或者服务不符合质量要求的，消费者可以依照国家规定、当事人约定退货，或者要求经营者履行更换、修理等义务。……

依照前款规定进行退货、更换、修理的，经营者应当承担运输等必要费用。

第二十六条 经营者在经营活动中使用格式条款的，应当以显著方式提请消费者注意商品或者服务的数量和质量、价款或者费用、履行期限和方式、安全注意事项和风险警示、售后服务、民事责任等与消费者有重大利害关系的内容,并按照消费者的要求予以说明。

经营者不得以格式条款、通知、声明、店堂告示等方式,作出排除或者限制消费者权利、减轻或者免除经营者责任、加重消费者责任等对消费者不公平、不合理的规定,不得利用格式条款并借助技术手段强制交易。

格式条款、通知、声明、店堂告示等含有前款所列内容的,其内容无效。

《中华人民共和国产品质量法》

第四十条 售出的产品有下列情形之一的,销售者应当负责修理、更换、退货;给购买产品的消费者造成损失的,销售者应当赔偿损失:

……

(三)不符合以产品说明、实物样品等方式表明的质量状况的。

销售者依照前款规定负责修理、更换、退货、赔偿损失后,属于生产者的责任或者属于向销售者提供产品的其他销售者(以下简称供货者)的责任的,销售者有权向生产者、供货者追偿。

……

《零售商促销行为管理办法》

第十二条 零售商开展促销活动,不得降低促销商品(包括有奖销售的奖品、赠品)的质量和售后服务水平,不得将质量不合格的物品作为奖品、赠品。

第十八条 零售商不得以促销为由拒绝退换货或者为消费者退换货设置障碍。

75 要求已预订车的顾客加价提车,不合规

现实案例

某市决定施行为期1年的车辆限行措施。很多居民为了满足出行需求,纷纷选择购置不限行的绿牌机动车,一时间,绿牌机动车供不应求。某车行收到多笔

订购绿牌汽车的预付款,但是现车存量明显不足。车行市场部调研发现,本市有好几家汽车经销商,都实施了加价提车的政策,不加价根本提不到车。经过车行管理人员开会研讨,该车行也在次日实施了加价售车政策。该政策一出,预订过车辆的客户不断到门店讨要说法,还有客户直接要求取消预订并退还其预付款。

划重点

虽然在供不应求的情况下适当调高价格是市场规律作用的表现,但是借环保限行政策之机对已经预约的顾客进行加价售车的行为仍然不合规。

律师分析

商品价格受供求关系影响,但是在明码标价的汽车销售领域中,擅自借机抬高售价,看似是尊重市场规律,实则是扰乱市场经营秩序的行为,也损害了消费者的合法权益,是不合法的。

在我国,消费者享有公平交易权。根据《消费者权益保护法》第十条的规定,消费者在购买商品或者接受服务时,有权获得质量保障、价格合理、计量正确等公平交易条件,有权拒绝经营者的强制交易行为。对于已经明码标价的库存商品,预约价格应当与最终的出售价格保持一致。即便市场中其他经营者已经实施了借机加价的不正当经营行为,但作为独立的市场主体,也不应当与之沆瀣一气。根据《消费者权益保护法》第十六条、《反不正当竞争法》第二条第一款的规定,经营者在生产经营活动中,应当遵循公平、诚信的原则,遵守法律和商业道德。据此可知,经营者不能因存在不合理的行业潜规则,就违背市场交易公平、诚信的基本原则,侵害消费者的权益。

本案例中,车行虽然是在跟风其他汽车销售企业的加价行为,但是其行为打破了预约订车消费者的合理价格预期,同车不同价,大大侵害了消费者的合法权益。

律师提示

经营者以预收款方式提供商品的,应当秉持诚实信用原则,按照约定的时间、价款等提供商品。未按照约定提供商品的,《消费者权益保护法》第五十三条规定了相应的惩罚措施,即经营者应当按照消费者的要求履行约定或者退回预付款,并应当承担预付款的利息、消费者必须支付的合理费用。因产品供不应求就借机抬高售价,既侵害了缴纳预付款的消费者权益,也有损经营者的声誉,到头来消费者要求退订退费,流失大量客户,吃亏的还是企业自己。

法律依据

《中华人民共和国消费者权益保护法》

第十条 消费者享有公平交易的权利。

消费者在购买商品或者接受服务时,有权获得质量保障、价格合理、计量正确等公平交易条件,有权拒绝经营者的强制交易行为。

第十六条 经营者向消费者提供商品或者服务,应当依照本法和其他有关法律、法规的规定履行义务。

……

经营者向消费者提供商品或者服务,应当恪守社会公德,诚信经营,保障消费者的合法权益;不得设定不公平、不合理的交易条件,不得强制交易。

第五十三条 经营者以预收款方式提供商品或者服务的,应当按照约定提供。未按照约定提供的,应当按照消费者的要求履行约定或者退回预付款;并应当承担预付款的利息、消费者必须支付的合理费用。

《中华人民共和国反不正当竞争法》

第二条第一款 经营者在生产经营活动中,应当遵循自愿、平等、公平、诚信的原则,遵守法律和商业道德。

76 餐厅禁止顾客自带酒水或者禁食非本餐厅食物,不合规

现实案例

叶某在市中心开了一家高档酒楼,主要承接酒楼附近公司的招待宴请。经营

了一段时间之后，叶某发现虽然酒楼的营业额在不断上涨，但是利润率却始终得不到有效提升。叶某通过调查发现，本酒楼经营的酒水相较于外面零售售卖而言要贵20%，所以顾客大都选择自带酒水。这导致酒水项目一直未能形成有效的盈收。了解相关情况后，叶某遂安排员工在酒楼外张贴公告，自公告张贴之日起谢绝顾客自带酒水，违者禁止入内。

划重点

顾客享有自主选择商品或者服务的权利。酒楼、餐厅等禁止顾客自带酒水或者禁食非本店食物的，不合规。

律师分析

消费者在消费过程中可以自主选择商品或者服务。这既是消费者不可被剥夺的自主权利，也是市场经营者应当充分尊重并为之提供保障的义务。于消费者而言，依据《消费者权益保护法》第九条的规定，消费者享有自主选择商品或者服务的权利，消费者有权自主选择提供商品或者服务的经营者，自主选择商品品种或者服务方式，自主决定购买或者不购买任何一种商品、接受或者不接受任何一项服务。于经营者而言，依据《消费者权益保护法》第二十六条第二款的规定，经营者不得以格式条款、通知、声明、店堂告示等方式，作出排除或者限制消费者权利、减轻或者免除经营者责任、加重消费者责任等对消费者不公平、不合理的规定。

本案例中，叶某安排员工张贴严禁自带酒水的公告，违反了前述规定。这种公告是没有法律效力的。它妨碍了消费者自主选择权利的行使，于消费者而言，是不公平、不合理的格式条款。

律师提示

经营者作为市场经济活动中提供商品或者服务的一方，应当着力于提升自身的营商质量，通过品质吸引消费者，而非通过限制消费者的自主选择权而变相进行强制消费。

法律依据

《中华人民共和国消费者权益保护法》

第九条 消费者享有自主选择商品或者服务的权利。

消费者有权自主选择提供商品或者服务的经营者,自主选择商品品种或者服务方式,自主决定购买或者不购买任何一种商品、接受或者不接受任何一项服务。

消费者在自主选择商品或者服务时,有权进行比较、鉴别和挑选。

第二十六条第二款 经营者不得以格式条款、通知、声明、店堂告示等方式,作出排除或者限制消费者权利、减轻或者免除经营者责任、加重消费者责任等对消费者不公平、不合理的规定,不得利用格式条款并借助技术手段强制交易。

第二十六条第三款 格式条款、通知、声明、店堂告示等含有前款所列内容的,其内容无效。

77 超市以"时令价"代替明码标价,不合规

现实案例

2022年6月,生活在临海城市的郝某特意邀请大学的好朋友及其家人来当地旅游。在海边游玩后,郝某一行人便前往附近有名的海鲜饭店就餐。当服务员递上菜单的时候,郝某发现有几种本地特色海鲜都标明的是时令价,而没有写具体价格,"好面子"的郝某怕同学误会自己小气,索性就没问价格,直接让服务员按照人数上菜,岂料结账的时候才发现海鲜的价格远远高于平时的价格,严重超出了郝某的预期。

划重点

经营者在提供商品或者服务的过程中,应当明码标价,以所谓时令价隐藏明

示价格的行为不符合法律的规定，不合规。

律师分析

价格往往是消费者在选择商品或者服务时首先会考虑的因素，明示的价格可以让消费者形成合理的心理预期，综合考量自身的经济实力，然后作出自己的选择。同时，明示的价格也有利于经营者之间进行公平竞争，使得经营活动可置于市场、行政机关以及消费者的监督之下，能够有效保障市场经营活动的健康发展。根据《消费者权益保护法》第二十条第三款的规定，经营者提供商品或者服务应当明码标价。根据《价格法》第十三条的规定，经营者销售、收购商品和提供服务，应当按照政府价格主管部门的规定明码标价，注明商品的品名、产地、规格、等级、计价单位、价格或者服务的项目、收费标准等有关情况。

本案例中，海鲜饭店在菜单中仅标明时令价而未以明示价格的形式向消费者出示，已经违反了法律的规定，对消费者的利益造成了损害，理应承担相应的法律责任。

律师提示

国家法律允许市场经营者在一定范围内根据市场、供求关系的波动来调整供给价格，更好地实现自身利益，但是同时为了充分保障消费者的利益与维护市场经济的健康发展，经营者调整价格应当是在合法、合理的范围内。更为重要的是，经营者应当明码标价，并向消费者予以出示，不得蓄意隐藏或者额外加收不明的项目或者费用。依据《价格法》第四十二条的规定，经营者违反明码标价规定的，责令改正，没收违法所得，可以并处5000元以下的罚款。这对经营者而言，是一种警示，督促其在经营过程中守法经营，明示价格。

法律依据

《中华人民共和国消费者权益保护法》

第二十条第三款 经营者提供商品或者服务应当明码标价。

《中华人民共和国价格法》

第十三条 经营者销售、收购商品和提供服务，应当按照政府价格主管部门的规定明码标价，注明商品的品名、产地、规格、等级、计价单位、价格或者服务的项目、收费标准等有关情况。

经营者不得在标价之外加价出售商品，不得收取任何未予标明的费用。

第四十二条 经营者违反明码标价规定的，责令改正，没收违法所得，可以并处五千元以下的罚款。

78 以"最终解释权归本公司所有"为自己兜底，不合规

现实案例

某烧烤餐饮公司在其公众号平台发布了"优惠活动推广"宣传文。宣传文中写道，活动内容为充值送大礼：充值200元送猪肉一盘；充值300元送牛肉一盘；充值500元送牛肉、羊肉各一盘。该烧烤餐饮公司宣传文最下方注明了，"本活动最终解释权归本公司所有"。消费者宋某通过线上在该烧烤餐饮公司充值500元，并准备晚上招待朋友一起吃烤肉。到店内点餐时才得知，充值500元送的2盘肉品需要分2次送，这次只能选择其中的一种赠送品。因碍于颜面，宋某只好按照该烧烤餐饮公司的要求选择了一盘牛肉，又不得不额外单独点了一些其他的烧烤食材。

划重点

虽然经营者是优惠活动的策划者，但是优惠方案中采用"本活动最终解释权归本公司所有"的免责条款来为企业活动兜底，不合规。

律师分析

经营者推出经营政策，难免会有所疏漏，在出现特殊情况时，经营者享有一

定的解释权，但是这一解释权并不是单方享有的，也不是具有盖棺定论性质的所谓的"最终解释权"。如果经营者和消费者对政策存在不同的解释，且协商不成的，可以寻求诉讼等法律途径解决。经营者持有的所谓的"最终解释权"，既损害了消费者的公平交易权，也排除了消费者寻求司法救济的方式。然而，在现实生活中确实也有很多消费者碍于"最终解释权"的幌子，选择吃闷亏。经营者看似利用优势地位解释了其经营政策，却存在失去消费者的风险，而且经营者的这种做法是错误的，还会面临承担法律责任的风险。就企业的长远发展而言，这种解释权实际上是百害而无一利的。

在我国，消费者依法享有公平交易权。根据《消费者权益保护法》第二十六条第二款的规定，经营者不得以格式条款、通知、声明、店堂告示等方式，作出对消费者不公平、不合理的规定。那么，常见的不公平、不合理的格式条款都有哪些呢？对此，我国《侵害消费者权益行为处罚办法》第十二条专门列举了7种禁止使用的格式条款，其中包括禁止在声明、店堂告示等内容中使用"经营者单方享有解释权或者最终解释权"的字眼。由此可知，采用"最终解释权归本公司所有"来为企业的违法经营行为兜底，是不可取的，这种兜底条款本来就属于无效条款，以此来蒙骗消费者，会承担相应的法律责任。

本案例中，餐饮企业为了增加消费者对其产品的"黏性"，对原本应当一次性赠送的肉品进行强行拆分，而必须二选一的规定却并不在宣传文中明示，又以最终解释权为幌子，曲解活动本意，诱导消费者进行消费，严重侵害了消费者的自由选择权和公平交易权，其行为是违反法律规定的。

律师提示

优惠活动本来是消费者和经营者双向受益的经营行为，但是经营者往往在发布的优惠活动公告中含糊其词，夸大活动效果，再利用活动的最终解释权来设定具体的不公平消费模式，让充值后的消费者有苦难言。对于经营者的此类行为，我国工商总局出台、市场监管总局修订的《侵害消费者权益行为处罚办法》第十五条就明确了经营者应当承担的法律责任，即经营者有此类违法行为的，可由市场监督管理部门责令改正，可以单处或者并处警告，还会予以罚款处罚。因此，经营者应摒弃不良营销手法，多一些真诚，少一些套路，良心企业不需要采用兜底条款自我保护，也能打动消费者的心，实现企业健康发展。

法律依据

《中华人民共和国消费者权益保护法》

第二十六条第二款　经营者不得以格式条款、通知、声明、店堂告示等方式，作出排除或者限制消费者权利、减轻或者免除经营者责任、加重消费者责任等对消费者不公平、不合理的规定，不得利用格式条款并借助技术手段强制交易。

《侵害消费者权益行为处罚办法》

第十二条　经营者向消费者提供商品或者服务使用格式条款、通知、声明、店堂告示等的，应当以显著方式提请消费者注意与消费者有重大利害关系的内容，并按照消费者的要求予以说明，不得作出含有下列内容的规定：

（一）免除或者部分免除经营者对其所提供的商品或者服务应当承担的修理、重作、更换、退货、补足商品数量、退还货款和服务费用、赔偿损失等责任；

（二）排除或者限制消费者提出修理、更换、退货、赔偿损失以及获得违约金和其他合理赔偿的权利；

……

（六）规定经营者单方享有解释权或者最终解释权；

（七）其他对消费者不公平、不合理的规定。

第十五条　经营者违反本办法第十二条、第十三条规定，其他法律、法规有规定的，依照法律、法规的规定执行；法律、法规未作规定的，由市场监督管理部门责令改正，可以单处或者并处警告，违法所得三倍以下、但最高不超过三万元的罚款，没有违法所得的，处以一万元以下的罚款。

79 经营者规定"偷一罚十",不合规

现实案例

某商店工作人员在集中盘点时,发现某品牌的糖果数量明显不足。该工作人员经调取监控录像,发现确实有顾客在商店挑选商品时随手拿起一把糖果就放进口袋。由于糖果比较零散,没有单独对每个糖果的条码进行扫描,顾客在门口结账时,报警器也就不会有任何反应。而监控录像显示,某位顾客在一个月内偷盗糖果十余次。为了杜绝此类事情再次发生,商店在门口设立了警示牌,写着"偷一罚十"4个大字,并安排了一位安保人员专门负责对可疑顾客进行"搜身"。此举一出,果真效果显著,商店里再未发生偷盗事件。

划重点

虽然商店在处理失窃问题时有权采取防范措施进行自我保护,但是自行规定"偷一罚十"等处罚规则,其行为依然不合规。

律师分析

近些年,商场、超市、商店等购物场所失窃事件频发,这让很多经营者开始注重安保防盗工作。但是我们在防盗的过程中,一定要注意方式、方法。超市等经营者作为普通的市场参与主体,并没有罚款的设定权和执行权,其自定的"偷一罚十"这种规则,是没有法律授权基础的,属于无效行为。

暂且不论对经营者是否有处罚权,"偷一罚十"这种10倍惩罚行为本身就属于违法行为。根据《消费者权益保护法》第二十六条第二款的规定,经营者不得以格式条款、通知、声明、店堂告示等方式,作出减轻或者免除经营者责任、加重消费者责任的不公平、不合理规定。"偷一罚十"的规定因无故加重了消费者的责任,侵害了消费者的合法权益,属于无效的格式条款。

那么,罚款的手段无处实施,经营者是不是可以安排安保人员搜身呢?答案

也是否定的。在我国，公民有人身自由和人格尊严受到尊重的权利，而"搜身"行为明显会对其人格尊严造成侵害。这两类常见的经营者采取的防范失窃方法，均不合法。

本案中，商店设立"偷一罚十"的警示牌、安排安保人员负责"搜身"工作，虽然有一定的防窃效果，但是这都是不合法的行为表现，也会影响正常顾客的购物体验感。一旦对盗窃者适用，不但无法实现自我保护的目的，商店还要承担一定的法律责任。

律师提示

盗窃的行为虽然让人嗤之以鼻，但是在处理、防范盗窃事件时必须依法守规。如果经营者自行实施"强制执行"，强迫盗窃者缴纳罚款，情节严重的，还会触犯刑法，构成敲诈勒索罪。罚款制度的实施，看似是经营者的自我保护，实际上已经游走于违法犯罪的边缘，对盗窃者是否应罚款、是否应判刑，应当交给法律授权的机关。经营者在防盗方面，可加强监控、扫码设备的运用，充分固定证据、降低失窃的风险。

法律依据

《中华人民共和国消费者权益保护法》

第二十六条第二款 经营者不得以格式条款、通知、声明、店堂告示等方式，作出排除或者限制消费者权利、减轻或者免除经营者责任、加重消费者责任等对消费者不公平、不合理的规定，不得利用格式条款并借助技术手段强制交易。

第四十条第三款 消费者在接受服务时，其合法权益受到损害的，可以向服务者要求赔偿。

80 找朋友公司暗中陪标，不合规

现实案例

某省一所重点高校拟新建一座科研技术研发实验室办公楼。与高校保持长期合作关系的某建筑公司了解到相关情况后，许诺负责该项工程的高校负责人，如果将该项工程交给他们建筑公司承建，将免费为高校兴建相关配套设施。高校负责人对此欣然同意。在达成合作意向后，高校通过代理机构进行了招标，而某建筑公司具体负责市场开拓的李某联系了相熟的几家建筑单位进行陪标，在几家陪标单位的高价低质的衬托下，该建筑公司成功中标。

划重点

虽然企业有投标的自主参与权，但是故意找人陪标或者是帮他人陪标，都是不合规的。

律师分析

顾名思义，陪标行为即本投标行为的出发动机不在于为争取中标而努力，而是为了实现某些不正当目的去参与投标。比如，在事先确定中标人的情况下，陪标人仅仅进行表面程序；再如，在围标过程中，陪标人为了陪同围标人实施不正当竞争而参与投标。陪标行为从表面上看是企业自主决定参与投标程序，而事实上，企业的这种做法是不正确、不合规的。

招标投标是市场竞争的一种重要方式，是贯彻"公开、公平、公正"原则的竞争机制。根据《招标投标法》第三十二条的规定，投标人不得相互串通投标报价，损害招标人或者其他投标人的合法权益。而对于陪标行为来讲，实际投标人和陪标人是在进行报价串通的情形下参与投标的，存在明显的违法性。也就是说，投标人之间是不得串通投标的，投标人参与投标应当基于自身企业发展利益而进行，不能为了协助其他企业中标，而实施损害招标人权益或者影响其他投标人公平竞争的陪标行为。

本案例中，某建筑公司可能具有中标的能力，也可能达到招标企业的基本目的。但是，某建筑公司与他人串通陪标的行为是违法行为，其应该承担相应的法律责任。

律师提示

招标投标是商品经济高度发展的产物之一，是招标人择优合作的有效机制。但是，串通陪标等行为会从根本上扰乱招标投标程序，并且容易滋生腐败。对于串通陪标的不合法行为，《招标投标法》第五十三条规定了相应的法律责任。企业一旦被主管机关查证存在此类不合法投标问题，就会面临罚款，乃至吊销营业执照、追究刑事责任等法律惩罚。企业在发展中，要注重发展壮大自身优势，大可不必以串通陪标博取机会，尽心完善投标方案，争取在公平竞争中胜出，才是正道，才是让企业行稳致远的驱动力。

法律依据

《中华人民共和国招标投标法》

第三十二条 投标人不得相互串通投标报价，不得排挤其他投标人的公平竞争，损害招标人或者其他投标人的合法权益。

投标人不得与招标人串通投标，损害国家利益、社会公共利益或者他人的合法权益。

禁止投标人以向招标人或者评标委员会成员行贿的手段谋取中标。

第五十三条 投标人相互串通投标或者与招标人串通投标的，投标人以向招标人或者评标委员会成员行贿的手段谋取中标的，中标无效，处中标项目金额千分之五以上千分之十以下的罚款，对单位直接负责的主管人员和其他直接责任人员处单位罚款数额百分之五以上百分之十以下的罚款；有违法所得的，并处没收违法所得；情节严重的，取消其一年至二年内参加依法必须进行招标的项目的投标资格并予以公告，直至由工商行政管理机关吊销营业执照；构成犯罪的，依法追究刑事责任。给他人造成损失的，依法承担赔偿责任。

81 打肿脸充胖子，虚假应标，不合规

现实案例

某市拟投资兴建一座生态主题公园以增进城市风光，在发布的招标公告中要求投标人应具有市政工程总承包一级资质、年均3000万元的营业额以及近五年内曾有被评为国家或者地区优秀工程的施工业绩。曾某的公司近日刚刚升级为市政一级资质，但是营业额以及公司荣誉方面却与招标公告要求相差甚远。考虑到该项工程所能带来的利润与影响，曾某非常想中标，于是指使投标工作人员采取虚构业绩、虚增利润等形式编制标书。

划重点

企业参与市场经营性活动，应当秉持诚信的原则，妄图通过虚构事实等手段参与投标，进而实现中标目的的行为是不合规的。

律师分析

招标人组织招标是想通过招标工作引进最优良的中标人。投标人妄图凭借虚构的事实条件，以次充好来实现中标的目的，会带来以下后果：一方面对于其他据实投标的投标人明显是不公平的；另一方面对于招标人的利益也会造成严重的损害。经过各种审阅、问询、评价得出的评标结论，如果是建立在虚假基础之上，就会使得之前的工作全部沦为无用功。倘若招标人未及时发现，等到项目实质开展后，不具备能力的中标人胡作非为，还将对招标人的利益产生重大损害。如果该项目是必须招标的重点项目，那么更有可能损害到国家、集体利益，给社会带来危害。因此，我国《招标投标法》第三十三条明确规定，投标人不得弄虚作假，骗取中标。

本案例中，曾某的公司自身并不符合招标人的招标要求，其指示公司投标工作人员通过弄虚作假而谋求中标，这样的做法是违背法律规定的，是不合规的。

律师提示

公司的投标行为应当依据自身实力进行综合考量，量力而行。公司所应做的是不断地增强自身建设以符合招标人的标准，而非通过弄虚作假等违法行为来实现自己的目的。依据《招标投标法》第五十四条的规定，公司有借用他人名义、弄虚作假等违法行为的，非但中标无效，还可能承担罚款、没收违法所得、吊销营业执照甚至相关责任人承担刑事责任的严重后果。

法律依据

《中华人民共和国招标投标法》

第三十三条 投标人不得以低于成本的报价竞标，也不得以他人名义投标或者以其他方式弄虚作假，骗取中标。

第五十四条 投标人以他人名义投标或者以其他方式弄虚作假，骗取中标的，中标无效，给招标人造成损失的，依法承担赔偿责任；构成犯罪的，依法追究刑事责任。

依法必须进行招标的项目的投标人有前款所列行为尚未构成犯罪的，处中标项目金额千分之五以上千分之十以下的罚款，对单位直接负责的主管人员和其他直接责任人员处单位罚款数额百分之五以上百分之十以下的罚款；有违法所得的，并处没收违法所得；情节严重的，取消其一年至三年内参加依法必须进行招标的项目的投标资格并予以公告，直至由工商行政管理机关吊销营业执照。

82 投标前与招标方工作人员沟通好相关细节，不合规

现实案例

某市住建部门拟对城区环城水系系统进行升级改造，于是发布了招标公告。李某所在的公司是本市的重点建筑施工单位，对此项工程十分重视。公司组织了

包括李某在内的精干力量负责此次投标事宜。在方案讨论会上，李某提出鉴于本次参与投标的多是省外单位，他们自己完全可以近水楼台先得月，提前就投标价格、投标方案等内容与住建部门沟通，这样既可以了解住建部门的需求，也能够提高公司的中标概率。其他人员一致同意李某的这一策略，并着手找人疏通关系。

划重点

投标企业在投标前与招标方工作人员就投标价格、投标方案等实质性内容进行协商、谈判的，违背了招标程序的公平性、公正性，这种做法不合规。

律师分析

招投标过程中，不能只考虑参与投标的某个企事业单位的利益选择，而是必须在充分保证各投标人公平、公正参与的情况下，择优而定，这是招投标程序的内在要求与国家法律的明确规定。在投标程序中，除对招标文件中存疑问题可以要求招标人进行澄清和答疑外，其余的相关接触行为均是明令禁止的。《招标投标法》第四十三条及第四十四条明确规定，投标人不得与招标人进行实质性协商，不得私下接触招标人方的评标人员。这一规定目的在于充分保证程序的公平、公正，尊重每一个投标人的公平参与权，一旦违反，对于其他投标人而言，所做的投标努力很可能会付诸东流。而对于招标本身而言，既损害了程序的威严性，又可能因此而错失最佳中标人的选择。

本案例中，李某所提出的提前与招标人进行接触、协商的策略，其行为本身是违反法律规定的。作为投标者，应当合理研判，充分发挥自己的优势，公平地参与投标活动才是正确的选择。

律师提示

招投标程序是适应市场经济发展的产物之一，大多数实施招标的项目是关系国计民生、区域安全、经济发展的关键领域和关键工程，只有依法依规开展招标投标工作，才能为项目的良好运营提供可靠的中标团队，因此国家对招标投标的程序有着严格的要求。如果投标企业存在如本案例中一样的不合规行为，依据

《招标投标法》第五十五条的规定，将面临中标无效等法律后果，到头来，竹篮打水一场空，实在没有必要。

法律依据

《中华人民共和国招标投标法》

第四十三条 在确定中标人前，招标人不得与投标人就投标价格、投标方案等实质性内容进行谈判。

第四十四条 评标委员会成员应当客观、公正地履行职务，遵守职业道德，对所提出的评审意见承担个人责任。

评标委员会成员不得私下接触投标人，不得收受投标人的财物或者其他好处。

评标委员会成员和参与评标的有关工作人员不得透露对投标文件的评审和比较、中标候选人的推荐情况以及与评标有关的其他情况。

第五十五条 依法必须进行招标的项目，招标人违反本法规定，与投标人就投标价格、投标方案等实质性内容进行谈判的，给予警告，对单位直接负责的主管人员和其他直接责任人员依法给予处分。

前款所列行为影响中标结果的，中标无效。

83 承包人将建筑工程转包，不合规

现实案例

某建筑企业中标了当地某大型钢铁企业发包的炼钢生产厂房建筑项目。但是，在公司召开的施工准备会上，其中一位公司领导提出，本项工程存在施工期限长、技术难度大、前期垫资等实际困难，一旦进入施工，将大量占用流动性资金，而当前业务转包、分包等方式非常盛行，我们不如也将项目转包出去。目前，市场上已经有多家单位想要整体承接这个项目，转包之后公司非但不需要投入而且可以直接获得管理费。这一观点得到了多数股东的支持。施工准备会结束

后,该企业着手办理项目转包事宜。

划重点

承包人在获得施工项目施工权后,虽然可以在发包人同意的情况下进行部分专业分包或者是劳务分包,但是将建设工程整体转包是不合规的。

律师分析

建设工程的开展并不仅仅是为实现建设单位的一方利益,因其本身的物理属性,工程本身对区域环境、生产安全、人身财产安全等都具有重大利害关系,国家法律对于工程从招标、施工、质量等方面实行全方位的规划与管控,目的就在于保证建筑工程的质量合格,保障建成后可以妥善投用,不因工程质量问题产发生危及人身、财产安全的危害。建设工程承包人可以通过严格的招投标程序确定具体施工方,也可以由发包人自主确定,无论是哪一种方式,都是基于对承包人本身能力的认可,预期其能够妥善实现工程建设与利益。而承包人将工程整体转包,不但破坏了前期的所有程序与发包人预期,更有可能因为转包后的承接人不具有相应的资质与能力,而使得工程处于一种不稳定状态,进而可能影响工程质量,甚至发生质量安全事故等。因此,《建筑法》第二十八条对违法转包行为进行了明令禁止,同时住建部也据此出台了查处违法转包的管理办法。

本案例中,建筑企业在中标后未能依据发包人的要求、投标方案积极组织施工,抱有侥幸心理而将工程转包,这样做是违反法律规定的,公司也将因此而承担法律责任。如果违法转包后的继承包人因不具有施工资质而引发纠纷、质量问题,公司还将承担连带责任。

律师提示

承包人在承接工程前应当综合考量自身的实力、投入与发包人要求的契合程度,一旦获得项目的施工权,就要受到规则的限制,不能任意转嫁自己应当履行的义务,否则将受到法律的处罚。《建筑法》第六十七条即对此作出了处罚性规定,违法分包的承包人将面临责令改正,没收违法所得,并处罚款,责令停业整顿，降低资质等级，直至吊销资质证书。建筑企业的能力不应该局限于投标的文字中，还应当体现在实实在在的组织施工中，去实现企业的经济价值与社会价值。

法律依据

《中华人民共和国建筑法》

第二十八条 禁止承包单位将其承包的全部建筑工程转包给他人，禁止承包单位将其承包的全部建筑工程肢解以后以分包的名义分别转包给他人。

第六十七条 承包单位将承包的工程转包的，或者违反本法规定进行分包的，责令改正，没收违法所得，并处罚款，可以责令停业整顿，降低资质等级；情节严重的，吊销资质证书。

承包单位有前款规定的违法行为的，对因转包工程或者违法分包的工程不符合规定的质量标准造成的损失，与接受转包或者分包的单位承担连带赔偿责任。

84 企业贷款后挪作他用，不合规

现实案例

2019年3月，翟某经营的甲公司因需要扩大生产规模，向乙银行贷款200万元，贷款期限为3年，按季计息。贷款合同载明，该笔贷款用于引进新项目，新增生产线，扩大生产规模。然而，2019年年底，因不可抗力因素影响，甲公司面临订单量锐减、用工成本上升以及原材料价格上涨等多重压力。2020年年初，甲公司经营困难，外债不断，翟某决定不再新增生产线、扩大生产规模，而是将贷款的50%用于偿还公司在生产经营过程中产生的债务。同时，甲公司每个季度仍按时偿还银行利息。2020年年底，乙银行发现了翟某将贷款挪作他用的事实。

划重点

企业应当按照贷款合同中约定的用途使用借款，否则即使按时偿还借款及利息，仍不合规。

律师分析

在企业的生产经营过程中，难免出现资金短缺，需要向银行或者其他金融机构借款的情况。企业向银行或者其他金融机构借款时，银行或者金融机构为了保证顺利收回贷款，都会与企业在贷款合同中约定资金的用途。实践中，企业在拿到银行或者其他金融机构发放的贷款后，将贷款挪作他用的现象屡见不鲜。事实上，企业的这种行为是不正确的，并不符合法律规定。

根据《民法典》第六百七十三条的规定，借款人未按照约定的借款用途使用借款的，贷款人可以停止发放借款、提前收回借款或者解除合同。据此可知，借款人应当严格按照贷款合同中约定的用途使用借款，不得将借款挪作他用，否则，贷款人就可以不再向其提供资金支持。

本案例中，甲公司未按照约定用途将借款用于扩大生产规模，而是将借款用于偿还债务，乙银行有权停止发放借款、提前收回借款或者解除贷款合同。

律师提示

在经济交往活动中，企业要恪守诚实信用原则，在向银行或者其他金融机构借款前应当说明借款的真实原因和用途，借款后应当按照借款合同的约定使用贷款，并积极履行还款义务，避免给银行或者其他金融机构带来财产损失。值得注意的是，根据《刑法》第一百七十五条之一的规定，企业主观上有还款的意愿，但企业以欺骗的手段取得银行或者其他金融机构的贷款、票据承兑、信用证、保函等，给银行或者其他金融机构造成损失的，企业和企业的负责人都构成骗取贷款罪，都会被处以罚金，企业的负责人还会被处以最高7年的有期徒刑。

法律依据

《中华人民共和国民法典》

第六百七十三条 借款人未按照约定的借款用途使用借款的，贷款人可以停止发放借款、提前收回借款或者解除合同。

《中华人民共和国刑法》

第一百七十五条之一 【骗取贷款、票据承兑、金融票证罪】以欺骗手段取得银行或者其他金融机构贷款、票据承兑、信用证、保函等，给银行或者其他金融机构造成重大损失的，处三年以下有期徒刑或者拘役，并处或者单处罚金；给银行或者其他金融机构造成特别重大损失或者有其他特别严重情节的，处三年以上七年以下有期徒刑，并处罚金。

单位犯前款罪的，对单位判处罚金，并对其直接负责的主管人员和其他直接责任人员，依照前款的规定处罚。

85 企业贷款后又将贷款贷给他人赚取差额利润，不合规

现实案例

李某于2018年3月注册成立甲公司，随后又注册成立乙公司，并实际控制经营。2021年5月，李某因经营不善，导致上述公司背负巨额债务无力偿还。2021年7月，为了维持公司的正常运行，李某隐瞒其无力偿还债务的真相，虚构甲公司向乙公司购进原材料的事实，伪造甲公司与乙公司之间的购销合同，以甲公司的名义向丙银行贷款5000万元。贷款合同载明：该笔贷款用于购买原材料。甲公司拿到丙银行发放的贷款后，将贷款转贷给丁公司，赚取差额利润。不幸的是，丁公司破产，甲公司无法收回贷款，无力偿还其银行贷款。

划重点

企业使用虚假的经济合同向金融机构借款，或者以转贷牟利为目的，套取金

融机构信贷资金转贷给其他单位或者个人的行为，不合规。

律师分析

实践中，有些企业因生产经营困难需要向银行或者其他金融机构借款，为了确保顺利拿到贷款，不惜铤而走险，在明知自身没有还款能力的情形下，虚构借款的理由，使用虚假的经济合同、证明文件，或者提供不符合要求的抵押物作担保而向银行或者其他金融机构借款。根据《刑法》第一百九十三条的规定，企业的这一做法已经构成了贷款诈骗罪，企业责任人将承担相应的刑事责任。此外，有些企业贷款成功后，为了避免再经营造成的亏损风险，将贷款又转贷给其他单位或个人，自己的企业则坐收渔翁之利。事实上，企业的这一行为也是违法的，根据《刑法》第一百七十五条的规定，企业将银行或者其他金融机构发放的贷款转贷给其他单位或者个人牟利，可以构成高利转贷罪。企业构成高利转贷罪的，将会被处以罚金；同时，其责任人员会被处以3年以下有期徒刑或者拘役。

本案例中，甲公司负责人李某向丙银行隐瞒其无力偿还银行贷款的事实，主观上存在非法占有目的，虚构经济合同，骗取银行贷款，给丙银行带来了损失，符合贷款诈骗罪的构成要件。此外，甲公司还以营利为目的将贷款转贷给丁公司，属于高利转贷罪，李某及其公司都会受到相应的刑事处罚。

律师提示

企业以转贷牟利为目的将银行或者他金融机构发放的贷款转贷给他人，企业在向银行或者金融机构借款时，一般会虚构借款理由，存在骗取贷款或者诈骗贷款的情形。这里需要区分骗取贷款罪与贷款诈骗罪，二者的区别在于前者没有非法占有目的，而后者存在非法占有目的。也就是说，前者有还款意愿但由于各种原因未能还款，给银行或者其他金融机构带来了损失，后者从一开始贷款时就无还款意愿。企业要通过合法的方式贷款，也要合法地使用贷款，无论是单纯地骗取贷款，还是贷款诈骗后又转贷他人的，都将使自身及企业处于危险境地。

法律依据

《中华人民共和国刑法》

第一百七十五条 【高利转贷罪】以转贷牟利为目的，套取金融机构信贷资金高利转贷他人，违法所得数额较大的，处三年以下有期徒刑或者拘役，并处违法所得一倍以上五倍以下罚金；数额巨大的，处三年以上七年以下有期徒刑，并处违法所得一倍以上五倍以下罚金。

单位犯前款罪的，对单位判处罚金，并对其直接负责的主管人员和其他直接责任人员，处三年以下有期徒刑或者拘役。

第一百九十三条 【贷款诈骗罪】有下列情形之一，以非法占有为目的，诈骗银行或者其他金融机构的贷款，数额较大的，处五年以下有期徒刑或者拘役，并处二万元以上二十万元以下罚金；数额巨大或者有其他严重情节的，处五年以上十年以下有期徒刑，并处五万元以上五十万元以下罚金；数额特别巨大或者有其他特别严重情节的，处十年以上有期徒刑或者无期徒刑，并处五万元以上五十万元以下罚金或者没收财产：

（一）编造引进资金、项目等虚假理由的；

（二）使用虚假的经济合同的；

（三）使用虚假的证明文件的；

（四）使用虚假的产权证明作担保或者超出抵押物价值重复担保的；

（五）以其他方法诈骗贷款的。

第二百六十六条 【诈骗罪】诈骗公私财物，数额较大的，处三年以下有期徒刑、拘役或者管制，并处或者单处罚金；数额巨大或者有其他严重情节的，处三年以上十年以下有期徒刑，并处罚金；数额特别巨大或者有其他特别严重情节的，处十年以上有期徒刑或者无期徒刑，并处罚金或者没收财产。本法另有规定的，依照规定。

第七章　纠纷与涉诉处理

86 用人单位掌握有利于劳动者的证据而拒不提供，不合规

现实案例

运输公司聘用了司机蒋某，双方签订了为期5年的固定期限劳动合同。在此期间，蒋某多次加班，但公司既没有为蒋某安排补休，也未发放加班费。蒋某多次通过微信与运输公司人力资源部门员工确认加班情况，并索要加班费，但公司一直未予解决。后来，蒋某因运输公司拖欠加班费单方与之解除劳动合同，并向当地劳动人事争议仲裁委员会提出仲裁申请，要求运输公司支付加班费、经济补偿金。运输公司有蒋某的劳动合同、加班考勤、工资表等各种证据，但该公司认为蒋某起诉了公司，就应当自己提供证据证明公司拖欠其加班费，因此仲裁庭审中，在仲裁员要求运输公司提供证据时，该公司拒不提供。

划重点

在劳动争议纠纷诉讼过程中，用人单位有劳动者相应证据拒不提交，是不合规的。

律师分析

劳动争议纠纷案件是用人单位在用工过程中经常遇到的一类纠纷。随着劳动者法律意识、自我保护意识的加强，劳动者提出仲裁或是进行诉讼的案件也越来越多。在实践中，用人单位掌握着劳动者的劳动合同、考勤、工资发放等各种材料，但劳动者一般并不掌握这些证据，因此，在诉讼过程中，用人单位出于自身

利益的考虑，往往不提交上述材料。事实上，劳动争议案件的举证责任与普通的民事诉讼并不相同，大部分劳动争议都是"举证责任倒置"的，用人单位拒不出示证据的行为是不符合相关规定的。

根据我国《劳动人事争议仲裁办案规则》第十三条的规定，与争议事项有关的证据属于用人单位掌握管理的，用人单位应当提供；用人单位不提供的，应当承担不利后果。此外，根据《最高人民法院关于审理劳动争议案件适用法律问题的解释（一）》第四十二条的规定，劳动者主张加班费的，应当就加班事实的存在承担举证责任。但劳动者有证据证明用人单位掌握加班事实存在的证据，用人单位不提供的，由用人单位承担不利后果。

本案例中，蒋某在运输公司工作过程中存在加班情况，而且其有与运输公司人力资源部门员工的微信聊天记录，可以证实蒋某加班事实的存在及其索要加班费用的事实。在仲裁庭审中，仲裁员已经明示运输公司提交相应证据，如果运输公司拒不提交，势必会面临对其不利的法律后果，最终也将面临支付加班费、经济补偿金的结果。

律师提示

在劳动争议案件中，虽然劳动者与用人单位在法律上是平等的主体，但劳动者对用人单位有一定的人身依附属性，致使用人单位处于强势地位，而劳动者普遍处于弱势地位。用人单位因其管理需要，掌握着劳动者档案、考勤、工资发放、社保缴纳等材料，如果用人单位拒不提供，劳动者很难提供。因此，在用人单位与劳动者发生争议时，举证原则一般为"倒置"。在仲裁或者诉讼过程中，建议用人单位积极应诉，及时提供必要的证据材料，从证据材料入手，寻找对自己有利的点，不能逃避举证，否则将面临败诉的后果。

法律依据

《劳动人事争议仲裁办案规则》

第十三条 当事人对自己提出的主张有责任提供证据。与争议事项有关的证据属于用人单位掌握管理的，用人单位应当提供；用人单位不提供的，应当承担不利后果。

《最高人民法院关于审理劳动争议案件适用法律问题的解释（一）》

第四十二条 劳动者主张加班费的，应当就加班事实的存在承担举证责任。但劳动者有证据证明用人单位掌握加班事实存在的证据，用人单位不提供的，由用人单位承担不利后果。

第四十四条 因用人单位作出的开除、除名、辞退、解除劳动合同、减少劳动报酬、计算劳动者工作年限等决定而发生的劳动争议，用人单位负举证责任。

87 虚构债权债务后起诉，不合规

现实案例

甲公司在经营过程中出现了资金短缺和资不抵债的情况。甲公司的债权人在索要货款、欠款无果的情况下，纷纷准备通过民事诉讼维护权益。甲公司为了能保住公司的部分资产，找到与其关系不错的乙公司寻求帮助，双方经过协商，决定虚构债权债务。甲公司与乙公司签订了虚假的买卖合同，随后乙公司向当地人民法院提起民事诉讼，要求甲公司支付货款，并承担违约责任。在诉讼过程中，乙公司提出财产保全，查封、冻结了甲公司的资产。

划重点

企业虚构债权债务进行诉讼，不仅不合规，还可能涉及刑事犯罪。

律师分析

企业在经营过程中，难免出现拖欠款项的情况，有的企业并非无力偿还，仅仅是恶意逃避债务而进行虚假诉讼；有的企业确实是资金困难无法偿还，为了保住企业资产选择虚假诉讼，但无论出于何种原因，虚假诉讼的行为都是违法的，甚至涉及企业及主管人员的刑事责任。

虚假诉讼是指当事人出于非法的动机和目的，利用法律赋予的诉讼权利，采取虚假的诉讼主体、事实及证据的方法提起民事诉讼，使法院作出错误的判决、裁定、调解的行为。简单来说，就是打假官司。虚假诉讼不仅严重侵害他人的合法权益，而且扰乱诉讼秩序、浪费司法资源、损害司法公信力，会对社会造成恶劣的影响。我国《民事诉讼法》第一百一十五条明确规定，人民法院对于虚假诉讼要驳回诉讼请求，根据情节进行罚款、拘留的处罚，构成犯罪的依法追究刑事责任。《刑法》第三百零七条之一第一款、第二款规定了企业构成虚假诉讼罪的刑事处罚。另外，《最高人民法院、最高人民检察院关于办理虚假诉讼刑事案件适用法律若干问题的解释》第一条第三项规定，只要企业采取伪造证据、虚假陈述等手段，实施了与公司、企业的法定代表人、董事、监事、经理或者其他管理人员恶意串通，捏造公司、企业债务或者担保义务的行为，就应依法认定属于《刑法》第三百零七条之一第一款规定的"以捏造的事实提起民事诉讼"，构成虚假诉讼罪。

本案例中，甲公司与乙公司虚构双方之间的买卖合同关系，乙公司依据双方签订的虚假买卖合同向人民法院起诉，该行为完全符合虚假诉讼的形式要件，属于虚假诉讼。如被查处，民事诉讼面临被驳回诉讼请求的结果，还会面临罚款、拘留等行政处罚，甚至构成虚假诉讼罪，会被依法追究刑事责任。

律师提示

构成虚假诉讼要满足四个条件：首先是以谋取非法利益为目的；其次是与当事人之间恶意串通；再次是借用合法的民事程序，包括诉讼、仲裁、调解等民事程序；最后是侵害国家利益、社会公共利益或者案外人的合法权益。企业在经营过程中，无论出于何种目的，万万不可涉足虚假诉讼，即便被许以好处，也不可与他人串通进行虚假诉讼，否则有可能面临3年以上的刑事处罚。

法律依据

《中华人民共和国民事诉讼法》

第一百一十五条 当事人之间恶意串通，企图通过诉讼、调解等方式侵害他人合法权益的，人民法院应当驳回其请求，并根据情节轻重予以罚款、拘留；构成犯罪的，依法追究刑事责任。

《中华人民共和国刑法》

第三百零七条之一 【虚假诉讼罪】以捏造的事实提起民事诉讼，妨害司法秩序或者严重侵害他人合法权益的，处三年以下有期徒刑、拘役或者管制，并处或者单处罚金；情节严重的，处三年以上七年以下有期徒刑，并处罚金。

单位犯前款罪的，对单位判处罚金，并对其直接负责的主管人员和其他直接责任人员，依照前款的规定处罚。

……

《最高人民法院、最高人民检察院关于办理虚假诉讼刑事案件适用法律若干问题的解释》

第一条 采取伪造证据、虚假陈述等手段，实施下列行为之一，捏造民事法律关系，虚构民事纠纷，向人民法院提起民事诉讼的，应当认定为刑法第三百零七条之一第一款规定的"以捏造的事实提起民事诉讼"：

……

（三）与公司、企业的法定代表人、董事、监事、经理或者其他管理人员恶意串通，捏造公司、企业债务或者担保义务的；

……

88 企业消极对待民事强制执行，不合规

现实案例

K公司因资金短缺向朱某借款50万元，双方签订借款协议，对借款期限、利息、违约责任进行了约定。到期后，K公司并未向朱某还款。朱某向当地人民法院提起诉讼，要求K公司还本付息。人民法院经过审理作出了民事判决书，判决K公司向朱某偿还借款本金50万元，并支付相应利息。K公司收到人民法院的判决文书后并未按照判决内容履行给付义务。后朱某申请强制执行，执行局受理了朱某的执行案件，并向K公司邮寄了报告财产情况等法律文书。K公司收到执行文书后，仍充耳不闻、置之不理。

划重点

企业消极对待民事执行案件,甚至是对其置之不理,是不合规的。

律师分析

强制执行是指人民法院执行局按照法定程序,运用国家强制力量,依据生效的法律文书,强制民事义务人完成其所承担的义务,以保证权利人的权利得以实现。在实践中,企业被强制执行时,往往以置之不理,完全不配合的态度应对,这是不合规的。

强制执行权是一种国家权力的体现,对被执行人具有强制执行的法律效力。人民法院执行局受理执行案件后,会给作为被执行人的企业送达报告财产情况通知等文书,如企业拒不报告,那么根据我国《民事诉讼法》第二百四十八条的规定,人民法院会根据被执行的情节轻重对企业或者其法定代理人、主要负责人或者直接责任人员予以罚款、拘留。企业不向法院提供财产情况,人民法院执行局也会依据《民事诉讼法》第二百四十九条第一款的规定,向有关单位查询企业的存款、债券、股票、基金份额等财产情况,并可对查询到的财产扣押、冻结、划拨、变价处理。除此之外,人民法院也可依据《民事诉讼法》第二百六十二条的规定,将被执行人列入失信被执行人名单,这样企业就不可以贷款、不可以参加招投标等活动,对企业的法定代表人也会产生一定的影响,如不能乘坐高铁、飞机等交通工具,不能进行高消费等。

本案中,K 公司在收到人民法院执行局送达的报告财产情况等法律文书后置之不理,拒不汇报财产情况,那么其法定代表人、直接管理人等将面临着罚款、拘留等行政处罚。当然,即便 K 公司不主动汇报财产线索,人民法院执行局也会通过银行、证券公司、不动产登记部门、车管所等部门查询 K 公司的财产情况,并对财产采取查封、扣押、划拨、拍卖等强制执行措施。而且,如果 K 公司隐匿、转移财产或是在被行政处罚后仍不汇报财产情况的,就构成拒不执行判决、裁定罪。

律师提示

随着全社会对执行工作的重视，拒不执行的处罚力度也越来越大。我国《刑法》第三百一十三条规定，对人民法院的判决、裁定有能力执行而拒不执行，情节严重的，构成拒不执行判决、裁定罪。企业作为法人，如构成该罪，会被依法判处罚金，对于企业直接负责的主管人员和其他直接责任人员将按照拒不执行判决、裁定罪，处三年以下有期徒刑、拘役或者罚金；情节特别严重的，则面临三到七年的有期徒刑，并处罚金。企业在面对强制执行时，要按照执行部门的要求汇报财产情况，如有能力履行生效法律文书确定的内容时要积极履行，否则会被行政处罚、列入失信被执行人名单，甚至被追究刑事责任。如果认为对方的民事诉讼存在不合理之处，则在案件审理之初就应该积极应对，而不是消极等待判决文书和被强制执行。

法律依据

《中华人民共和国民事诉讼法》

第二百四十八条　被执行人未按执行通知履行法律文书确定的义务，应当报告当前以及收到执行通知之日前一年的财产情况。被执行人拒绝报告或者虚假报告的，人民法院可以根据情节轻重对被执行人或者其法定代理人、有关单位的主要负责人或者直接责任人员予以罚款、拘留。

第二百四十九条第一款　被执行人未按执行通知履行法律文书确定的义务，人民法院有权向有关单位查询被执行人的存款、债券、股票、基金份额等财产情况。人民法院有权根据不同情形扣押、冻结、划拨、变价被执行人的财产。人民法院查询、扣押、冻结、划拨、变价的财产不得超出被执行人应当履行义务的范围。

第二百六十二条　被执行人不履行法律文书确定的义务的，人民法院可以对其采取或者通知有关单位协助采取限制出境，在征信系统记录、通过媒体公布不履行义务信息以及法律规定的其他措施。

《中华人民共和国刑法》

第三百一十三条　【拒不执行判决、裁定罪】对人民法院的判决、裁定有能力执行而拒不执行，情节严重的，处三年以下有期徒刑、拘役或者罚金；情节特别严重的，处三年以上七年以下有期徒刑，并处罚金。

单位犯前款罪的，对单位判处罚金，并对其直接负责的主管人员和其他直接责任人员，依照前款的规定处罚。

89 诉讼过程中想办法与办案法官"联络感情"，不合规

现实案例

乙企业从丙企业购买了一套机器设备，双方在合同履行过程中发生纠纷，导致合同无法继续履行。乙企业向有管辖权的人民法院起诉，要求解除买卖合同，并要求丙企业退还交付的款项。人民法院受理了该案，并分配了主办法官。乙企业的总经理非常希望自己的案子能够胜诉，就与公司的其他领导商量，有的领导就提出私下联系案件主办法官，请他吃顿饭再表示表示，这样案件胜诉就十拿九稳了。乙企业领导一致认可这个意见，就发动周边的亲戚朋友开始私下联系主办法官。

划重点

诉讼过程中，企业私下联系办案法官请客送礼，是不合规的。

律师分析

企业在运行中难免会遇到各种纠纷，而面对诉讼案件，为了胜诉或是能尽快结案等，不少企业往往会选择私下联系主办法官，试图通过"联络感情"，以期望主办法官能够偏向或是帮助企业胜诉，但是这种行为是违反诉讼法的，是不合规的。

法官对其办理的案件实行个人负责制，具有独立审判权，任何人不得干涉、影响法官办理案件。法官独立审判是指法官全权审理和裁判案件时，在法律规定的权限范围内，运用自己深厚的法律知识和丰富的司法经验，根据自己对案件事

实的评价和法律的理解，在不受行政机关、其他组织和个人非法直接或间接的影响和干涉，同时也不受法院内部的违法干预的情况下，对案件秉公裁判。我国《民事诉讼法》第四十六条第二款规定，审判人员不得接受当事人及其诉讼代理人请客送礼。如案件当事人对法官请客送礼，那么另一方当事人可以根据《民事诉讼法》第四十七条第一款、第二款的规定，申请法官回避。民事诉讼中的回避制度是指审判人员和其他有关人员，在出现可能影响案件公正审理的事由时，依法或依当事人申请退出民事诉讼活动的一种制度。简单来说，就是一方当事人对法官请客送礼，法官有可能不能公正审理案件的，那么另一方可以申请法官回避，换另外的法官审理案件。

本案例中，乙企业为了能够胜诉，意图通过他人宴请、送礼贿赂案件主办法官，与法官"联络感情"，这一行为是违反《民事诉讼法》的，是不合规的。即便乙企业私下联系了主办法官，丙企业也可以通过回避制度申请主办法官回避。

律师提示

在诉讼过程中，通过请客送礼与主办法官联络感情，可能暂时达到胜诉或是对己方有利的结果。但是，如果贿赂法官的事情被查处，不仅胜诉的案件会通过审判监督等程序进行改判，而且贿赂法官也可能构成行贿罪。根据我国《刑法》第三百八十九条第一款的规定，为谋取不正当利益，给予国家工作人员以财物的，是行贿罪。对犯行贿罪的，将根据犯罪情节受到有期徒刑、拘役，并处罚金或没收财产等刑事处罚。因此，企业在诉讼过程中，要遵守法律法规，不要为了眼前的利益对法官请客送礼，否则不仅不能达到胜诉的目的，还可能面临刑事处罚。

法律依据

《中华人民共和国民事诉讼法》

第四十六条第二款　审判人员不得接受当事人及其诉讼代理人请客送礼。

第四十七条　审判人员有下列情形之一的，应当自行回避，当事人有权用口头或者书面方式申请他们回避：

（一）是本案当事人或者当事人、诉讼代理人近亲属的；

（二）与本案有利害关系的；

（三）与本案当事人、诉讼代理人有其他关系，可能影响对案件公正审理的。

审判人员接受当事人、诉讼代理人请客送礼，或者违反规定会见当事人、诉讼代理人的，当事人有权要求他们回避。

……

《中华人民共和国刑法》

第三百八十九条　【行贿罪】为谋取不正当利益，给予国家工作人员以财物的，是行贿罪。

在经济往来中，违反国家规定，给予国家工作人员以财物，数额较大的，或者违反国家规定，给予国家工作人员以各种名义的回扣、手续费的，以行贿论处。

因被勒索给予国家工作人员以财物，没有获得不正当利益的，不是行贿。

第三百九十条　【行贿罪的处罚规定】对犯行贿罪的，处五年以下有期徒刑或者拘役，并处罚金；因行贿谋取不正当利益，情节严重的，或者使国家利益遭受重大损失的，处五年以上十年以下有期徒刑，并处罚金；情节特别严重的，或者使国家利益遭受特别重大损失的，处十年以上有期徒刑或者无期徒刑，并处罚金或者没收财产。

行贿人在被追诉前主动交待行贿行为的，可以从轻或者减轻处罚。其中，犯罪较轻的，对侦破重大案件起关键作用的，或者有重大立功表现的，可以减轻或者免除处罚。

90 企业派多人代表其出庭应诉，不合规

现实案例

A公司在经营过程中与B公司发生了合同纠纷，B公司将A公司告上了法庭，要求A公司支付合同价款。A公司认为B公司违约在先，B公司起诉自己就是无理取闹。A公司将本公司与B公司履行合同过程中的所有参与人员，包括采购部经理、财务人员等5人集合在一起开会，要求所有人在开庭时全部代表公司应诉，如

实陈述在与 B 公司对接时对方的违约行为,并出示 B 公司违约的证据。开庭当天,采购部经理、财务人员等 5 人带着证据材料来到人民法院代表 A 公司参加庭审。

划重点

企业安排 2 人以上的代理人参加庭审,是不合规的。

律师分析

企业是法人组织,在其进行诉讼时,必须要安排代理人代为参加诉讼。实践中,企业有民事诉讼时,会安排本单位了解、参与诉讼争议相关事项的员工代表其参加诉讼,有时参与人员会很多,涉及企业经营的各个部门,但是企业委托 2 名以上的代理人,不符合民事诉讼法相关的法律规定,是不合规的。

所谓诉讼代理人,是指以被代理人的名义在代理权限内实施诉讼行为的人。根据《民事诉讼法》第六十一条的规定,企业可以委托 2 名诉讼代理人,员工可以作为代理人代表企业参加诉讼。诉讼代理人在庭审中可以代表企业行使诉讼权利,包括应诉、答辩、提供证据、申请回避等。如果企业有多名知情人、参与人,可以选择其中 2 名作为代理人,在庭审中发表意见。如果企业也想让其他知情人、参与人到庭陈述与案件有关或是对企业有利的事实,可以根据《民事诉讼法》第六十六条第一款第六项的规定,让知情、参与的员工作为证人出庭作证,同样也可以起到到庭参与诉讼活动的效果。

本案例中,A 公司派了 5 名员工代表企业到庭应诉,其代理人的人数是超过上述法律规定的。在庭审中,人民法院是不会允许 5 名代理人同时出庭的,只能由其中的 2 名作为代理人参加诉讼。A 公司可以选择其他 3 名员工以证人的身份出庭作证,证实 B 公司违约的事实。

律师提示

企业在委托员工作为代理人时,必须根据《民事诉讼法》第六十二条第一款、第二款的规定为员工出具授权委托书,并在委托书中写明员工的代理权限。而且根据《最高人民法院关于适用〈中华人民共和国民事诉讼法〉的解释》第八十八条第四项的规定，员工作为代理人时，还应当提交身份证件和与当事人有合法劳动人事关系的证明材料（主要指劳动合同）。否则，即便企业委托了2名企业员工作为代理人，但是在代理手续不合格的情况下，仍无法参加庭审。另外，如果企业安排员工作为证人出庭，那么应该在举证责任期限届满前向法院提交证人出庭作证申请书，否则，员工可能无法在庭审时出庭作证。

法律依据

《中华人民共和国民事诉讼法》

第六十一条 当事人、法定代理人可以委托一至二人作为诉讼代理人。

下列人员可以被委托为诉讼代理人：

……

（二）当事人的近亲属或者工作人员；

（三）当事人所在社区、单位以及有关社会团体推荐的公民。

第六十二条 委托他人代为诉讼，必须向人民法院提交由委托人签名或者盖章的授权委托书。

授权委托书必须记明委托事项和权限。诉讼代理人代为承认、放弃、变更诉讼请求，进行和解，提起反诉或者上诉，必须有委托人的特别授权。

……

第六十六条 证据包括：

……

（六）证人证言；

……

《最高人民法院关于适用〈中华人民共和国民事诉讼法〉的解释》

第八十八条 诉讼代理人除根据民事诉讼法第六十二条规定提交授权委托书外，还应当按照下列规定向人民法院提交相关材料：

……

（四）当事人的工作人员应当提交身份证件和与当事人有合法劳动人事关系的证明材料；

……

第八章 其 他

91 深夜通过暗管悄悄排放污染物，不合规

现实案例

某电子厂主要生产经营多层线路板，在生产过程中会产生大量废水。为了节约成本，逃避监管，该电子厂经常在深夜将没有经过处理的污水偷偷通过私设的暗管排到附近的河里。2021年9月，执法人员在检查时发现该电子厂私设暗管排污。经检测，排污口废水中六价铬超标八百多倍，该电子厂的排污行为对周边土壤、地下水和地表水造成了严重的污染。

划重点

企业通过暗管、渗井等方式悄悄非法排放污染物，不合规。

律师分析

并非所有企业排污都要办理排污许可证，像一些污染产生量、排放量和对环境的影响程度都很小的企业、事业单位和其他生产经营者，只要填报排污登记表，不需要申请取得排污许可证即可排放污染物。但是，对于那些污染产生量、排放量和对环境影响程度都比较大的企业、事业单位和其他生产经营者，应当按照《排污许可管理条例》的规定申请排污许可证。即使取得排污许可证，也并不意味着可以随意排污，排污单位的污染物排放口位置和数量、污染物排放方式和排放去向等都应当与排污许可证规定相符，严禁任何企业违规排污。实践中，排污单位为了节省成本，可能会将未经处理或者未经妥善处理的污水通过暗管、

渗井或者其他会对环境造成破坏的方式排入外环境中，这种做法是违法的。

企业偷偷排放污水、废渣造成环境污染的，要依据环境污染的严重程度确定承担法律责任的类型，其中民事赔偿责任是优先承担的责任，此外还可能承担行政责任，构成犯罪的，还要承担刑事责任。从民事责任来看，根据《民法典》第一千二百三十五条的规定，排污单位可能需要承担生态环境修复费用以及生态环境受到损害至恢复原状期间服务功能的损失。从行政责任来看，根据《环境保护法》第二十五条的规定，企业事业单位和其他生产经营者违反法律规定排污的，只要存在对环境造成严重污染的可能性的，有关部门就可以查封、扣押造成污染物排放的设施、设备。而违法排污的，排污单位的负责人、直接主管人员会面临五到十日的行政拘留。从刑事责任来看，违反国家规定在某些特定区域排放污染物，严重污染环境的，要承担罚金、拘役，甚至是七年以上有期徒刑的刑事责任。

本案例中，电子厂违法排污，已经违反了法律规定，该电子厂以及相关责任人员要承担相应的法律责任。

律师提示

绿水青山就是金山银山。保护环境是任何企业和个人都义不容辞的责任。工业废水、废渣含有各种重金属成分，未经处理或者未经妥善处理排放会对生态环境造成巨大的危害，甚至会导致生态服务功能的丧失，最终也将影响企业的长远发展，甚至对人类的生命健康都会造成不可逆转的伤害。企业违法排污，不但需要承担民事责任，可能还要承担行政责任和刑事责任。仅就民事责任而言，生态环境修复费用是巨大的，远远比企业节约的排污成本要多得多，更不用说对企业及其责任人员给予的行政和刑事处罚。因此，企业一定要根据上述法律的规定，依法依规排放污染物。

法律依据

《中华人民共和国水污染防治法》

第三十九条 禁止利用渗井、渗坑、裂隙、溶洞，私设暗管，篡改、伪造检测数据，或者不正常运行水污染防治设施等逃避监管的方式排放水污染物。

《中华人民共和国民法典》

第一千二百三十五条 违反国家规定造成生态环境损害的，国家规定的机关或者法律规定的组织有权请求侵权人赔偿下列损失和费用：

（一）生态环境受到损害至修复完成期间服务功能丧失导致的损失；

（二）生态环境功能永久性损害造成的损失；

（三）生态环境损害调查、鉴定评估等费用；

（四）清除污染、修复生态环境费用；

（五）防止损害的发生和扩大所支出的合理费用。

《中华人民共和国刑法》

第三百三十八条　【污染环境罪】违反国家规定，排放、倾倒或者处置有放射性的废物、含传染病病原体的废物、有毒物质或者其他有害物质，严重污染环境的，处三年以下有期徒刑或者拘役，并处或者单处罚金；情节严重的，处三年以上七年以下有期徒刑，并处罚金；有下列情形之一的，处七年以上有期徒刑，并处罚金：

（一）在饮用水水源保护区、自然保护地核心保护区等依法确定的重点保护区域排放、倾倒、处置有放射性的废物、含传染病病原体的废物、有毒物质，情节特别严重的；

（二）向国家确定的重要江河、湖泊水域排放、倾倒、处置有放射性的废物、含传染病病原体的废物、有毒物质，情节特别严重的；

（三）致使大量永久基本农田基本功能丧失或者遭受永久性破坏的；

（四）致使多人重伤、严重疾病，或者致人严重残疾、死亡的。

有前款行为，同时构成其他犯罪的，依照处罚较重的规定定罪处罚。

《中华人民共和国环境保护法》

第二十五条　企业事业单位和其他生产经营者违反法律法规规定排放污染物，造成或者可能造成严重污染的，县级以上人民政府环境保护主管部门和其他负有环境保护监督管理职责的部门，可以查封、扣押造成污染物排放的设施、设备。

第六十三条　企业事业单位和其他生产经营者有下列行为之一，尚不构成犯罪的，除依照有关法律规定予以处罚外，由县级以上人民政府环境保护主管部门或者其他有关部门将案件移送公安机关，对其直接负责的主管人员和其他直接责任人员，处十日以上十五日以下拘留；情节较轻的，处五日以上十日以下拘留：

……

（二）违反法律规定，未取得排污许可证排放污染物，被责令停止排污，拒不执行的；

（三）通过暗管、渗井、渗坑、灌注或者篡改、伪造监测数据，或者不正常运行防治污染设施等逃避监管的方式违法排放污染物的；

……

92 将有害工业废物掩埋到荒地，不合规

现实案例

2018年8月至2021年9月，某能源公司将生产新能源汽车锂电池过程中产生的毒性工业固体危险废物（以下简称工业废物）约25000吨以每吨400元的价格交给没有处理资质的张某。张某为某工业废物清运公司的负责人。他安排公司的货运司机温某从该能源公司将这些工业废物转运到人迹罕至的荒地并且掩埋。温某来到该能源公司，发现这些工业废物呈污泥状，而且有刺鼻气味，堆放地点也没有任何警示标志。但是，温某仍然按照张某的指示将这些工业废物运到了荒地并且掩埋。

划重点

将有害工业废物掩埋到荒地会造成土壤、地表水和地下水严重污染，这种做法是违反法律规定的。

律师分析

固体废物应该按照法律规定的对环境友好的方式处理。实践中，为了减少工作流程、节约成本，大量的企业违法处置和排放有毒有害物质，但这种行为是严重违反法律禁止性规定的行为。其中，根据《固体废物污染环境防治法》第二

十条的规定，禁止产生、运输、处置固体废物的单位和其他生产经营者擅自倾倒、堆放、丢弃、遗撒固体废物。可见，直接将生产锂电池过程中产生的有毒工业废物掩埋到荒地，是明令禁止的行为。此外，该法第五条规定，产生、贮存、运输、处置固体废物的单位和个人应当采取措施，防止或者减少固体废物对环境的污染，对所造成的环境污染依法承担责任。

《**固体废物污染环境防治法**》第一百一十八条明确规定，违反法律法规处置固体废物，造成重大或者特大固体废物污染环境事故的，单位要承担因环境污染造成的直接损失三倍以上五倍以下的罚款，甚至是责令关闭的行政处罚，单位的直接责任人员也会面临上一年度从本单位取得的收入的二分之一以下的罚款。擅自遗撒、倾倒、遗弃固体废物尚未构成犯罪，但造成严重后果的，直接责任人员还将面临拘留五天至十五天的行政处罚。

本案例中，该工业废物清运公司通过荒地掩埋的方式处理有毒工业废物，公司负责人张某以及货运司机温某构成污染环境罪，均应该承担相应的责任。

律师提示

产生有毒工业固体废物的企业应当将工业废物交给有处理资质的企业处理。而处置固体废物的企业也应当采取措施，减少固体废物对环境的损害，降低固体废物的危害性，促进资源的回收利用。当然，案例中某能源公司明知张某的工业废物清运公司不具备相应资质而将有毒固体废物交给其处置，该公司的行为也是不合规的，同样会受到相应的处罚。企业在生产经营过程中，一定要通过正规渠道处置工业废物，而经营工业废物清运、处置的企业，也应当按照法律规定取得相应资质，不得擅自运输、处理。

法律依据

《中华人民共和国固体废物污染环境防治法》

第五条 固体废物污染环境防治坚持污染担责的原则。

产生、收集、贮存、运输、利用、处置固体废物的单位和个人，应当采取措施，防止或减少固体废物对环境的污染，对所造成的环境污染依法承担责任。

第二十条 产生、收集、贮存、运输、利用、处置固体废物的单位和其他生产经营者,应当采取防扬散、防流失、防渗漏或其他防止污染环境的措施,不得擅自倾倒、堆放、丢弃、遗撒固体废物。

禁止任何单位或者个人向江河、湖泊、运河、渠道、水库及其最高水位线以下的滩地和岸坡以及法律法规规定的其他地点倾倒、堆放、贮存固体废物。

第一百一十八条 违反本法规定,造成固体废物污染环境事故的,除依法承担赔偿责任外,由生态环境主管部门依照本条第二款的规定处以罚款,责令限期采取治理措施;造成重大或者特大固体废物污染环境事故的,还可以报经有批准权的人民政府批准,责令关闭。

造成一般或者较大固体废物污染环境事故的,按照事故造成的直接经济损失的一倍以上三倍以下计算罚款;造成重大或者特大固体废物污染环境事故的,按照事故造成的直接经济损失的三倍以上五倍以下计算罚款,并对法定代表人、主要负责人、直接负责的主管人员和其他责任人员处上一年度从本单位取得的收入百分之五十以下的罚款。

第一百二十条 违反本法规定,有下列行为之一,尚不构成犯罪的,由公安机关对法定代表人、主要负责人、直接负责的主管人员和其他责任人员处十日以上十五日以下的拘留;情节较轻的,处五日以上十日以下的拘留:

(一)擅自倾倒、堆放、丢弃、遗撒固体废物,造成严重后果的;

……

(三)将危险废物提供或者委托给无许可证的单位或者其他生产经营者堆放、利用、处置的;

(四)无许可证或者未按照许可证规定从事收集、贮存、利用、处置危险废物经营活动的;

……

93 租借其他单位的资格证,不合规

现实案例

J 市康健检测评价技术有限公司自 2018 年起租借资质证书给 Z 市振华环境检

测有限公司，在Z市从事环境影响评价技术服务活动。2021年9月，Z市振华环境检测有限公司出具的一份环境影响评价报告书引用的现状检测数据错误、主要的环境保护措施缺失，并被委托人举报。后经过调查，生态环境主管部门掌握了Z市振华环境检测有限公司租用资质证书的证据，发现了其租用资质证书的事实。

划重点

单位或者个人无论是将资质证书出租、出借还是租入、借入，均不合规。

律师分析

根据《行政许可法》第八十条的规定，涂改、倒卖、出租、出借行政许可证件，或者以其他形式非法转让行政许可的，行政机关应当依法给予行政处罚；构成犯罪的，依法追究刑事责任。实践中，为了顺利承揽业务，不少行业都存在租借资质证书的乱象。无论是无资质的一方租借有资质的一方的证书，还是低资质的一方租借高资质的一方的证书，这些行为都会影响单位和个人在行业内的执业声誉，扰乱行业的正常发展，损害社会公共利益。出租、出借或者租入、借入其他单位和个人的资质证书都是不合规的。

本案例中，J市康健检测评价技术有限公司将自己的环境评价资质证书租借给Z市振华环境检测有限公司使用，并在给Z市一家委托企业进行环境评价过程中出现失误，其行为是违反法律规定的，当地生态环境主管部门查证属实后必将追究这两家公司的责任。

律师提示

安全评价机构、生产经营单位、专业技术人员，应当坚持公正、科学、诚信的工作原则，恪守职业道德，不弄虚作假，对自己和社会负责。安全评价机构、生产经营单位、专业技术人员存在违法违规行为的，有关部门将依据其违法违规行为的事实、性质、情节严重程度，依法依规进行处罚。具体而言，根据《环境影响评价法》第二十条第三款以及第二十九条的规定，环境影响评价机构租借其他单位的资质证书，在环境影响评价过程中弄虚作假，环境影响评价机构以及环境影响评价工程师将面临罚款、取消资质、缩减评价范围、限期整改、通报批评等行政处罚。

法律依据

《中华人民共和国行政许可法》

第八十条 被许可人有下列行为之一的，行政机关应当依法给予行政处罚；构成犯罪的，依法追究刑事责任：

（一）涂改、倒卖、出租、出借行政许可证件，或者以其他形式非法转让行政许可的；

……

《中华人民共和国环境影响评价法》

第二十条第三款 负责审批建设项目环境影响报告书、环境影响报告表的生态环境主管部门应当将编制单位、编制主持人和主要编制人员的相关违法信息记入社会诚信档案，并纳入全国信用信息共享平台和国家企业信用信息公示系统向社会公布。

第二十九条 规划编制机关违反本法规定，未组织环境影响评价，或者组织环境影响评价时弄虚作假或者有失职行为，造成环境影响评价严重失实的，对直接负责的主管人员和其他直接责任人员，由上级机关或者监察机关依法给予行政处分。

94 企业老板在朋友圈进行众筹集资筹建新店面，不合规

现实案例

某县城奶茶店老板吕某近年来事业发展得不错，在本县开的三家连锁奶茶店都取得了良好的口碑与收益。所以，他准备进一步扩大经营，向市中心区域发展。但是在经过实地的商业考察后，他发现实际店面、人工投入相较于县城而言，要远远超出自己的预期，以现在的资金根本无法满足筹建新店面的需求。这时，有朋友告诉吕某，凭借着多年积累的口碑与信誉，他通过奶茶生意添加的近

千位微信朋友就是笔宝贵的财富，吕某可以通过在朋友圈众筹的方式来进行款项筹措。

划重点

企业可能会因发展而面临资金短缺的困境，但是在融资方式与程序的选择上一定要遵循法律规定，不可随意通过朋友圈等方式向超过范围的特定社会公众或不特定社会公众进行众筹集资。

律师分析

金融秩序关系国家的发展与市场的健康，为了规范和保障金融秩序，法律对企业的融资特别是公开融资和向社会公众融资有着严格的程序要求。如果企业需要通过股权众筹或者是发行证券的方式进行融资，那么需要通过法定的平台进行，并且要遵循《证券法》的规定。《证券法》第九条明确规定公开发行证券，必须符合法律、行政法规规定的条件，并依法报经国务院证券监督管理机构或者国务院授权的部门注册。未经依法注册，任何单位和个人不得公开发行证券。而向社会公众集资如果未遵循法定的方式方法或者超过合理的范围，则很可能涉嫌非法集资罪，将来可能因此而承担刑事责任。

本案例中，吕某因新建店面的资金短缺而意图通过朋友圈进行社会众筹，如果是以公司举债的方式，则明显违背了《证券法》规定的程序要求；如果是通过股权众筹的模式，显然朋友圈不是法定的融资平台；如果是向公众融资，那么吕某朋友圈的数千人以及朋友的朋友均可能是潜在的融资对象。很明显，无论是方式方法还是吸收资金的人数均已经明显违背了法律的规定，按照《最高人民法院关于审理非法集资刑事案件具体应用法律若干问题的解释》第一条的规定，其行为可能因此而涉嫌非法吸收公众存款。

律师提示

近年来，国家为了保障企业的活力与发展，出台了诸多举措来加大对企业的保障和扶持，所以企业在融资时应时时了解国家政策，首先应争取获得银行或者地方政府的资金扶持。如果需要通过社会资本渠道进行融资，也应当秉持法定的方式方法，严格规范企业行为，防止因不当的融资行为而致使违反法律的行为出现。

法律依据

《中华人民共和国证券法》

第九条　公开发行证券，必须符合法律、行政法规规定的条件，并依法报经国务院证券监督管理机构或者国务院授权的部门注册。未经依法注册，任何单位和个人不得公开发行证券。证券发行注册制的具体范围、实施步骤，由国务院规定。

有下列情形之一的，为公开发行：

（一）向不特定对象发行证券；

（二）向特定对象发行证券累计超过二百人，但依法实施员工持股计划的员工人数不计算在内；

（三）法律、行政法规规定的其他发行行为。

非公开发行证券，不得采用广告、公开劝诱和变相公开方式。

《中华人民共和国刑法》

第一百七十六条　【非法吸收公众存款罪】非法吸收公众存款或者变相吸收公众存款，扰乱金融秩序的，处三年以下有期徒刑或者拘役，并处或者单处罚金；数额巨大或者有其他严重情节的，处三年以上十年以下有期徒刑，并处罚金；数额特别巨大或者有其他特别严重情节的，处十年以上有期徒刑，并处罚金。

单位犯前款罪的，对单位判处罚金，并对其直接负责的主管人员和其他直接责任人员，依照前款的规定处罚。

有前两款行为，在提起公诉前积极退赃退赔，减少损害结果发生的，可以从轻或者减轻处罚。

《最高人民法院关于审理非法集资刑事案件具体应用法律若干问题的解释》

第一条　违反国家金融管理法律规定，向社会公众（包括单位和个人）吸收资金的行为，同时具备下列四个条件的，除刑法另有规定的以外，应当认定为刑法第一百七十六条规定的"非法吸收公众存款或者变相吸收公众存款"：

（一）未经有关部门依法许可或者借用合法经营的形式吸收资金；

（二）通过网络、媒体、推介会、传单、手机信息等途径向社会公开宣传；

（三）承诺在一定期限内以货币、实物、股权等方式还本付息或者给付回报；

（四）向社会公众即社会不特定对象吸收资金。

未向社会公开宣传，在亲友或者单位内部针对特定对象吸收资金的，不属于非法吸收或者变相吸收公众存款。

95 企业收集与服务无关的个人信息，不合规

现实案例

某连锁超市在某市开业。在开业的当天，该连锁超市推出会员业务，顾客通过微信扫码填写姓名、手机号等即可注册成为会员。顾客可以在会员卡内进行充值便捷支付，也可以享受会员专属的折扣商品，此外，购买货品的积分也将返点至会员账号内用以抵扣货款。但是顾客在扫码注册时发现，信息栏内除要求填写姓名、电话号码外，身份证号码、家庭住址、职业、家庭人员等个人信息也是必填选项，如果不填写，将无法通过会员验证。

划重点

企业收集个人信息是为了更好地进行商业推广与服务提升，但是收集超出与服务相关范围的信息，是不符合法律规定的。

律师分析

企业在商事经营过程中，收集个人信息除遵守法律要求的合法性、正当性之外，还应当秉持必要性，也即所收集的信息应当以所提供的服务为限，不可过度收集。依据《侵害消费者权益行为处罚办法》第十一条的规定，消费者个人信息

是指经营者在提供商品或者服务活动中收集的消费者姓名、性别、职业、出生日期、身份证件号码、住址、联系方式、收入和财产状况、健康状况、消费情况等能够单独或者与其他信息结合识别消费者的信息。但是，企业在提供商事服务中，往往只需收集以上所列的相关信息的一项或者两项即可实现与消费者之间的沟通与联系，而过度的信息收集与使用将会极大地侵害个人的信息权利与安全，同时也加剧了信息泄露的风险。所以，《民法典》第一千零三十五条以及《消费者权益保护法》第二十九条第一款中都明确规定了信息收集应当以必要性为准。

本案例中，该连锁超市仅需要手机号与姓名即可注册会员卡，无须收集消费者身份证号码、家庭住址、职业、家庭人员等个人信息就可以为顾客办理会员服务，因此，其收集消费者信息的行为涉嫌"过度"，存在不合规之处，很有可能会因此给自己带来麻烦。

律师提示

在信息交互的当下，企业为了拓展经营或者更好地提供服务，往往需要收集大量的顾客或者是服务反馈信息，但是这样的信息收集应当遵循法律规定的原则，而其中又尤以必要性原则最为关键。商家往往认为信息收集就要坚持多多益善，往往忽视了必要性的原则。无视或者忽视"必要性"，都有可能侵犯到他人的个人信息。一旦侵犯到他人的个人信息，轻则承担民事责任、行政责任，重则承担刑事责任。

法律依据

《中华人民共和国民法典》

第一千零三十五条 处理个人信息的，应当遵循合法、正当、必要原则，不得过度处理，并符合下列条件：

（一）征得该自然人或者其监护人同意，但是法律、行政法规另有规定的除外；

（二）公开处理信息的规则；

（三）明示处理信息的目的、方式和范围；

（四）不违反法律、行政法规的规定和双方的约定。

个人信息的处理包括个人信息的收集、存储、使用、加工、传输、提供、公开等。

《中华人民共和国消费者权益保护法》

第二十九条第一款 经营者收集、使用消费者个人信息，应当遵循合法、正当、必要的原则，明示收集、使用信息的目的、方式和范围，并经消费者同意。经营者收集、使用消费者个人信息，应当公开其收集、使用规则，不得违反法律、法规的规定和双方的约定收集、使用信息。

第五十六条 经营者有下列情形之一，除承担相应的民事责任外，其他有关法律、法规对处罚机关和处罚方式有规定的，依照法律、法规的规定执行；法律、法规未作规定的，由工商行政管理部门或者其他有关行政部门责令改正，可以根据情节单处或者并处警告、没收违法所得、处以违法所得一倍以上十倍以下的罚款，没有违法所得的，处以五十万元以下的罚款；情节严重的，责令停业整顿、吊销营业执照：

……

（九）侵害消费者人格尊严、侵犯消费者人身自由或者侵害消费者个人信息依法得到保护的权利的；

……

《侵害消费者权益行为处罚办法》

第十一条 经营者收集、使用消费者个人信息，应当遵循合法、正当、必要的原则，明示收集、使用信息的目的、方式和范围，并经消费者同意。经营者不得有下列行为：

（一）未经消费者同意，收集、使用消费者个人信息；

（二）泄露、出售或者非法向他人提供所收集的消费者个人信息；

（三）未经消费者同意或者请求，或者消费者明确表示拒绝，向其发送商业性信息。

前款中的消费者个人信息是指经营者在提供商品或者服务活动中收集的消费者姓名、性别、职业、出生日期、身份证件号码、住址、联系方式、收入和财产状况、健康状况、消费情况等能够单独或者与其他信息结合识别消费者的信息。

96 违反约定使用个人信息，不合规

> 现实案例

某社交平台网站要求网友在注册成为会员时填写包括姓名、职业、电话、微信等个人信息，并在服务协议中明确公告相关信息的提交是为了系统可以根据个人特征进行更好地匹配、推介，并承诺将对所收集的信息予以保密，不会用于该社交平台运营之外。但是在看到社交平台取得了良好成绩后，该社交平台所在的网络公司决定趁热打铁，成立游戏事业部，推出与之相关的社交、婚恋游戏。于是，网络公司将前期在社交平台收集到的相关个人信息直接转接到游戏事业部，并且利用个人在平台留存的微信等其他联系方式进行游戏推广。

> 划重点

企业在使用其所收集到的个人信息时，除应当遵循法律法规的规定外，还应当遵守与提供信息者之间的约定。

> 律师分析

公民在日常生活中，特别是在互联网上，会遇到各种各样信息填写注册或是调查。这种注册或调查实为个人信息收集。个人信息收集不能任意而为，依据《网络安全法》第四十一条的规定，网络运营者应当公开收集、使用规则，明示收集、使用信息的目的、方式和范围，并经被收集者同意。不得违反法律、行政法规的规定和双方的约定收集、使用个人信息，并应当依照法律、行政法规的规定和与用户的约定，处理其保存的个人信息。通过前述法律规定可知，网络运营者使用个人信息时，应当严格遵照经被收集者认可的用途去使用，不可任意扩大使用范围或者私自挪作他用，只有这样，才能确保信息使用结果符合信息提供者的合理预期。但是如果允许企业挪作他用，就会破坏用户基于前述公告而形成的信任，使其置身于预期之外，使用户信息处于一种潜在的危险状态中。此外《消费者权益保护法》

第二十九条第一款、《个人信息保护法》第十四条第二款也都明确了对于个人信息的处理，应当遵循约定的原则，即不得超出使用范围而使用。

本案例中，该社交平台在收集个人信息时明确为仅限于该社交平台的运营，用户在填写注册信息时也是基于这样的目的和需求而同意，但是该平台所属的公司却擅自将个人信息挪用至游戏事业部，显然是违背了与用户双方之间的约定，超出了本来的范围，是不合规的。

律师提示

无论是本案中的网络运营者，还是市场中的任一经营者，在确实需要收集用户个人信息来加强市场竞争或者提升服务时，都需要严格遵守法律的规定而开展，在法定、约定范围内使用收集到的信息，不可任意超出，否则将有可能承担相应的法律责任。例如，依据《网络安全法》第六十四条第一款的规定，网络运营者、网络产品或者服务的提供者违反法律、行政法规的规定和双方的约定，侵害个人信息依法得到保护的权利的，由有关主管部门责令改正，可以根据情节单处或者并处警告、没收违法所得、处违法所得一倍以上十倍以下罚款，没有违法所得的，处100万元以下罚款，对直接负责的主管人员和其他直接责任人员处1万元以上10万元以下罚款；情节严重的，并可以责令暂停相关业务、停业整顿、关闭网站、吊销相关业务许可证或者吊销营业执照。

法律依据

《中华人民共和国网络安全法》

第四十一条 网络运营者收集、使用个人信息，应当遵循合法、正当、必要的原则，公开收集、使用规则，明示收集、使用信息的目的、方式和范围，并经被收集者同意。

网络运营者不得收集与其提供的服务无关的个人信息，不得违反法律、行政法规的规定和双方的约定收集、使用个人信息，并应当依照法律、行政法规的规定和与用户的约定，处理其保存的个人信息。

第六十四条第一款 网络运营者、网络产品或者服务的提供者违反本法第二十二条第三款、第四十一条至第四十三条规定，侵害个人信息依法得到保护的权利的，由有关主管部门责令改正，可以根据情节单处或者并处警告、没收违法所得、处违法所得一倍以上十倍以下罚款，没有违法所得的，处一百万元以下罚款，对直接负责的主管人员和其他直接责任人员处一万元以上十万元以下罚款；情节严重的，并可以责令暂停相关业务、停业整顿、关闭网站、吊销相关业务许可证或者吊销营业执照。

《中华人民共和国消费者权益保护法》

第二十九条第一款　经营者收集、使用消费者个人信息，应当遵循合法、正当、必要的原则，明示收集、使用信息的目的、方式和范围，并经消费者同意。经营者收集、使用消费者个人信息，应当公开其收集、使用规则，不得违反法律、法规的规定和双方的约定收集、使用信息。

《中华人民共和国个人信息保护法》

第十四条第二款　个人信息的处理目的、处理方式和处理的个人信息种类发生变更的，应当重新取得个人同意。

97 企业将自己存储的个人信息与他人做交易，不合规

现实案例

某市场调研公司受某英语培训机构的委托，为其进行市场调研，获得了一些有意向咨询英语培训并愿意留下姓名、电话等个人信息的资料。市场调研公司完成调研任务后，将收集到的相关资料信息进行整理汇总，准备发送给英语培训机构。该市场调研公司负责人考虑到与英语培训机构长期以来的良好合作关系，为了维系客户以及扩大宣传，所以指示下属员工，从公司前期对于考研市场调查的信息中，抽取与本次调研目的相符合的100余条个人信息一并打包提供给该英语培训机构，不另行计收费用。

划重点

企业在收集到个人信息后，应当依法依规进行处理，未经信息提供者同意，

不得将收集到的信息向他人提供或与之交易。

律师分析

虽然企业可以通过合法方式进行个人信息的收集与处理，使收集到的信息成为企业无形财产的一部分，但是这样的无形财产的形成与使用是有着严格的程序要求的。企业能够取得这些信息的前提在于明确向信息提供者进行使用范围、使用目的说明，在获得信息提供者明确同意后方可提取与使用。而在收集到信息后，在信息处理上，企业仍然负有保护、保密的责任，非经信息提供者允许，不可对外二次提供。依据《个人信息保护法》第二十三条的规定，个人信息处理者向其他个人信息处理者提供其处理的个人信息的，应当向个人告知接收方的名称或者姓名、联系方式、处理目的、处理方式和个人信息的种类，并取得个人的单独同意。

本案例中，该市场调研公司前期获得的100余条个人信息，是建立在信息提供者因考研调查而同意的基础之上，但是基于新的英语调查以及新的委托机构介入的情况下，并未单独获得信息提供者同意，所以这种私自的提供是违反法律规定的。

律师提示

企业对依法依规取得的个人信息应当严格遵循法定范围和收集时明示的目的使用，不得擅自向他人提供。如果确实需要提供给其他单位或个人使用时，仍以征得信息提供者同意为必要前提，否则将会承担相应的法律责任。依据《个人信息保护法》第六十六条以及第六十七条的规定，国家有关机关有权对企业的违法行为进行处罚，包括责令改正、给予警告、没收违法所得、处以罚款等，此外还将对企业此类违法行为依照有关法律、行政法规的规定记入信用档案，并予以公示。

法律依据

《中华人民共和国个人信息保护法》

第二十三条 个人信息处理者向其他个人信息处理者提供其处理的个人信息的，应当向个人告知接收方的名称或者姓名、联系方式、处理目的、处理方式和个人信息的种类，并取得个人的单独同意。接收方应当在上述处理目的、处理方式和个人信息的种类等范围内处理个人信息。接收方变更原先的处理目的、处理方式的,应当依照本法规定重新取得个人同意。

第六十六条 违反本法规定处理个人信息,或者处理个人信息未履行本法规定的个人信息保护义务的,由履行个人信息保护职责的部门责令改正,给予警告,没收违法所得,对违法处理个人信息的应用程序,责令暂停或者终止提供服务;拒不改正的,并处一百万元以下罚款;对直接负责的主管人员和其他直接责任人员处一万元以上十万元以下罚款。

有前款规定的违法行为,情节严重的,由省级以上履行个人信息保护职责的部门责令改正,没收违法所得,并处五千万元以下或者上一年度营业额百分之五以下罚款,并可以责令暂停相关业务或者停业整顿、通报有关主管部门吊销相关业务许可或者吊销营业执照;对直接负责的主管人员和其他直接责任人员处十万元以上一百万元以下罚款,并可以决定禁止其在一定期限内担任相关企业的董事、监事、高级管理人员和个人信息保护负责人。

第六十七条 有本法规定的违法行为的,依照有关法律、行政法规的规定记入信用档案,并予以公示。

98 擅自使用员工的发明,不合规

> 现实案例

郝某是某大型建材管桩企业的一名生产工人,闲暇时唯一的爱好就是进行各种钻研。他觉得单位目前所使用的管桩连接扣件不够简洁牢固,所以就萌生了自己进行发明创造的念头。每天一下班,他就钻进自己的工作室,通过网络查询各种资料,然后自己购买所有的材料进行各种各样的焊接试验,终于发明出一款轻便、实用、牢固的扣件。在准备完相关材料后便提交了发明专利申请,并最终被授予该项发明创造的专利权。郝某的单位在了解到情况后,认为郝某是单位的员工,是单位给了他进入行业的机会和创造发明的灵感,所以他的发明也应当纳入单位的管理之中,单位便指使车间按照郝某的发明进行扣件生产与使用。

划重点

非职务发明创造的专利权属于发明者本人。即使作为发明人的用人单位，如未经过该项发明专利权人的许可，擅自使用该项发明专利，仍然不合规。

律师分析

依据《专利法》第六条第一款的规定，单位职工的发明创造只有在执行本单位的任务或者主要是利用本单位的物质技术条件所完成的情形下，该项职务发明创造申请专利的权利才属于该单位，申请被批准后，该单位为专利权人。此种情形下，单位可以以专利权人身份自主使用该项发明创造，当然单位也应当就此给予实际发明的职工以相应的回报或者奖励。但是依据该法第六条第二款的规定，非职务发明创造，申请专利的权利属于发明人或者设计人；申请被批准后，该发明人或者设计人为专利权人，也即此时单位与职工之间就此创造发明并不是单位与职工间的管理与被管理关系，而是发明创造专利权人与欲要使用的商业主体之间的合作关系。依据该法第十一条的规定，此时未经专利权人的许可，即使是用人单位也不得实施该项专利，否则将可能承担相应的法律责任。

本案例中，郝某的发明创造所基于的技术资料与物质条件全部是通过其个人所获得，所以该项发明专利权人应当为郝某本人，而建材管桩企业想要使用该项发明专利应当获得郝某本人的授权，与郝某签订专利实施许可合同，向郝某依法支付专利使用费。

律师提示

知识产权保护是现代社会促进科技进步的重要保障手段，只有当自己的劳动智慧成果能够得到充分尊重与保障，才可能激发人们进行不断创造的动力与激情。用人单位在对待员工的发明创造时，应当妥善区分该项发明专利是否为职务发明创造，既要合理保障单位本应获得的利益，也要注意明确界限，不得侵害员工的合法权益。如果员工的发明创造并非职务发明创造行为，那么单位想要实施该专利，此时应当平等地与员工进行协商，获得员工的实施许可，而不是擅自使用。否则，专利权人可依据《专利法》第六十五条及第七十一条的规定，提起诉讼并要求获得赔偿。

法律依据

《中华人民共和国专利法》

第六条 执行本单位的任务或者主要是利用本单位的物质技术条件所完成的发明创造为职务发明创造。职务发明创造申请专利的权利属于该单位，申请被批准后，该单位为专利权人。该单位可以依法处置其职务发明创造申请专利的权利和专利权，促进相关发明创造的实施和运用。

非职务发明创造，申请专利的权利属于发明人或者设计人；申请被批准后，该发明人或者设计人为专利权人。

……

第十一条 发明和实用新型专利权被授予后，除本法另有规定的以外，任何单位或者个人未经专利权人许可，都不得实施其专利，即不得为生产经营目的制造、使用、许诺销售、销售、进口其专利产品，或者使用其专利方法以及使用、许诺销售、销售、进口依照该专利方法直接获得的产品。

第六十五条 未经专利权人许可，实施其专利，即侵犯其专利权，引起纠纷的，由当事人协商解决；不愿协商或者协商不成的，专利权人或者利害关系人可以向人民法院起诉，也可以请求管理专利工作的部门处理。管理专利工作的部门处理时，认定侵权行为成立的，可以责令侵权人立即停止侵权行为，当事人不服的，可以自收到处理通知之日起十五日内依照《中华人民共和国行政诉讼法》向人民法院起诉；侵权人期满不起诉又不停止侵权行为的，管理专利工作的部门可以申请人民法院强制执行。进行处理的管理专利工作的部门应当事人的请求，可以就侵犯专利权的赔偿数额进行调解；调解不成的，当事人可以依照《中华人民共和国民事诉讼法》向人民法院起诉。

第七十一条 侵犯专利权的赔偿数额按照权利人因被侵权所受到的实际损失或者侵权人因侵权所获得的利益确定；权利人的损失或者侵权人获得的利益难以确定的，参照该专利许可使用费的倍数合理确定。对故意侵犯专利权，情节严重的，可以在按照上述方法确定数额的一倍以上五倍以下确定赔偿数额。

……

99 为方便工作，私下多刻企业公章，不合规

现实案例

某建筑企业在资质升级之后，接连中标了几个重大项目。业务人员的工作也变得十分繁忙，既要与当地的政府、企业签订中标合同与相关文件，又要开设新的项目资金共管账户，进行分包单位选定等。而且对于新近发布的几个项目，公司也是志在必得，组织专业力量进行投标参与。单位业务负责人就此情况向公司董事长作汇报，因为公章只有一枚，但是许多文件需要现场加盖，所以常常是业务人员携带公章来回奔波，许多工作不得不因此延后等待，于是建议董事长安排行政部门私下多刻制几枚企业公章。如果考虑到风险问题，可以在单位内部作备案，进出使用进行正常的登记审批即可。

划重点

虽然企业的公章使用是企业在商事活动中的自主行为，但是关于公章的刻制与使用，应当遵守国家的法律法规。私下任意刻制公章，这种做法不合规。

律师分析

在市场交易中，企业公章的加盖使用往往代表着企业的意思表示，诸如合同、文件或者相关的对外决议，都会标明以加盖企业公章作为生效条件。如果企业公章的真实合法性不能得到有效的保障，那么也将使得市场交易陷于不稳定中，这是法律所不允许的。

国家法律法规对企业公章的刻制与使用作出了相关的严格法律规定，其一在于保护用章企业的管理安全，防止因公章的变造、伪造而对公司造成损害；其二在于保护商事交易另一方的交易安全，保障对方当事人的商业利益，维护市场经营的诚实信用和交易秩序。依据《国务院关于国家行政机关和企业事业单位社会团体印章管理的规定》第二十三条的规定，印章制发机关应规范和加强印章制发的管理，严格办理程序和审批手续。国家行政机关和企业事业单位、社会团体刻

制印章，应到当地公安机关指定的刻章单位刻制。

本案例中，单位欲要私下刻制印章是明显违反法律的行为，不但单位因此可能受到相关处罚，甚至相关负责人也可能受到处罚。

律师提示

印章的刻制与使用既是商业交往的重要方式，也是行政机关管理的重点审查范围，为了有效保障企业利益与市场交易安全，对于印章的制作、备案，甚至是样式、数量等细节性方面，国家的法律法规均有着明确而详细的规定。单位在遇到诸如本案的情形时，应当加强管理，制订合理的公章使用流程而非通过私制公章等方法来实现目的，未经法定程序的私制印章会被认定为伪造公章，依据《治安管理处罚法》第五十二条的规定，相关负责人将可能受到包括罚款、拘留在内的行政处罚，同样《国务院关于国家行政机关和企业事业单位社会团体印章管理的规定》第二十六条也对此作出了相关规定，企业应当予以警示。

法律依据

《中华人民共和国治安管理处罚法》

第五十二条 有下列行为之一的，处十日以上十五日以下拘留，可以并处一千元以下罚款；情节较轻的，处五日以上十日以下拘留，可以并处五百元以下罚款：

（一）伪造、变造或者买卖国家机关、人民团体、企业、事业单位或者其他组织的公文、证件、证明文件、印章的；

（二）买卖或者使用伪造、变造的国家机关、人民团体、企业、事业单位或者其他组织的公文、证件、证明文件的；

……

《国务院关于国家行政机关和企业事业单位社会团体印章管理的规定》

二十三、印章制发机关应规范和加强印章制发的管理，严格办理程序和审批手续。国家行政机关和企业事业单位、社会团体刻制印章，应到当地公安机关指定的刻章单位刻制。

二十六、对伪造印章或使用伪造印章者，要依照国家有关法规查处。如发现伪造印章或使用伪造印章者，应及时向公安机关或印章所刊名称单位举报。具体的印章社会治安管理办法，由公安部会同有关部门制定。

图书在版编目（CIP）数据

企业这样做不合规：企业合规风险经典案例精析／张思星著 . —北京：中国法制出版社，2023.7
（企业合规管理法律实务指引）
ISBN 978-7-5216-3225-5

Ⅰ.①企… Ⅱ.①张… Ⅲ.①企业法-中国-问题解答 Ⅳ.①D922.291.915

中国国家版本馆 CIP 数据核字（2023）第 010187 号

策划编辑：胡艺
责任编辑：刘悦
封面设计：周黎明

企业这样做不合规：企业合规风险经典案例精析
QIYE ZHEYANGZUO BU HEGUI：QIYE HEGUI FENGXIAN JINGDIAN ANLI JINGXI

著者／张思星
经销／新华书店
印刷／三河市国英印务有限公司
开本／710 毫米×1000 毫米　16 开　　印张／14.25　字数／183 千
版次／2023 年 7 月第 1 版　　　　　　2023 年 7 月第 1 次印刷

中国法制出版社出版
书号 ISBN 978-7-5216-3225-5　　　　　　定价：59.00 元

北京市西城区西便门西里甲 16 号西便门办公区
邮政编码：100053　　　　　　　　　　　传真：010-63141600
网址：http：//www.zgfzs.com　　　　　编辑部电话：010-63141819
市场营销部电话：010-63141612　　　　印务部电话：010-63141606

（如有印装质量问题，请与本社印务部联系。）

⑦从招聘到离职：HR必备的十大法律思维及劳动仲裁案例实操

书号：978-7-5216-1197-7

定价：59.00元

⑧企业劳动法实战问题解答精要

书号：978-7-5216-1183-0

定价：59.00元

①

②

企业合规管理法律实务指引系列

企业合规必备法律法规汇编及典型案例指引

书号：978-7-5216-2692-6

定价：98.00元

待出版：

数据安全合规实务

涉案企业合规操作流程和实务指引

WIN 企业法律与管理实务操作系列

①劳动合同法实务操作与案例精解【增订8版】

书号：978-7-5216-1228-8

定价：109.80元

②劳动争议实务操作与案例精解【增订6版】

书号：978-7-5216-2812-8

定价：79.80元

③人力资源管理合规实务操作进阶：风控精解与案例指引

书号：978-7-5216-1508-1

定价：78.00元

④企业裁员、调岗调薪、内部处罚、员工离职风险防范与指导【增订4版】

书号：978-7-5216-0045-2

定价：52.80元

⑤人力资源管理实用必备工具箱.rar：常用制度、合同、流程、表单示例与解读

书号：978-7-5216-1229-5

定价：119.80元

⑥全新劳动争议处理实务指引：常见问题、典型案例、实务操作、法规参考【增订3版】

书号：978-7-5216-0928-8

定价：66.00元

中国法制出版社管理与法律实用系列图书推荐

M&L 企业管理与法律实用系列

① 劳动争议指导案例、典型案例与企业合规实务：纠纷解决、风险防范、合规经营、制度完善
书号：978-7-5216-3193-7
定价：138.00元

② 首席合规官与企业合规师实务
书号：978-7-5216-3184-5
定价：138.00元

③ 工伤认定典型案例解析与实务指南
书号：978-7-5216-2758-9
定价：59.80元

④ 企业股权实务操作与案例精解
书号：978-7-5216-2678-0
定价：68.00元

企业人力资源管理与法律顾问实务指引丛书

① 劳动争议高频问题裁判规则与类案集成
书号：978-7-5216-3180-7
定价：60.00元

② HR劳动争议案例精选与实务操作指引
书号：978-7-5216-2604-9
定价：69.00元

③ 人力资源法律风险防范体系：可视化流程指引和工具化落地方案
书号：978-7-5216-1842-6
定价：79.80元

④ 劳动争议案件35个胜诉策略及实务解析
书号：978-7-5216-1180-9
定价：88.00元

⑤ 人力资源数据分析师：HR量化管理与数据分析业务实操必备手册
书号：978-7-5216-2047-4
定价：68.00元

⑥ 管理者全程法律顾问
书号：978-7-5216-1201-1
定价：59.00元